国家中等职业教育改革发展示范学校建设系列教材

便利店店长管理实务

主　　编　杨莉荪

副主编　李远来

参　　编　刘娴琳　　韦秋燕　　罗青艳

　　　　　刘盈迎　　温春汉

中国商务出版社

图书在版编目(CIP)数据

便利店店长管理实务 / 杨莉荪主编. —北京：中
国商务出版社，2018.6

国家中等职业教育改革发展示范学校建设系列教材

ISBN 978-7-5103-2399-7

Ⅰ. ①便… Ⅱ. ①杨… Ⅲ. ①零售商店－商业经营－
中等专业学校－教材 Ⅳ. ①F713.32

中国版本图书馆 CIP 数据核字(2018)第 097177 号

便利店店长管理实务

BIANLIDIAN DIANZHANG GUANLI SHIWU

主　编　杨莉荪

出　　版：中国商务出版社

地　　址：北京市东城区安定门外大街东后巷 28 号　　邮编：100710

责任部门：国际经济与贸易事业部(010－64269744　gjjm@cctpress.com)

责任编辑：张永生

总 发 行：中国商务出版社发行部 (010－64266119　64515150)

网　　址：http://www.cctpress.com

邮　　箱：cctp@cctpress.com

印　　刷：北京建宏印刷有限公司

开　　本：787×1092 毫米　1/16

印　　张：12.25　　　　　　　　字　　数：232 千字

版　　次：2018 年 6 月第 1 版　　印　　次：2018 年 6 月第 1 次印刷

书　　号：ISBN 978-7-5103-2399-7

定　　价：38.00 元

国家中等职业教育改革发展示范学校
建设系列教材

编委会

主　任　覃炳忻

副主任　林小岗　黄强新　李远来

编　委　（排名不分先后）

杨林钟　刘继周　覃一平　杨莉荪

李　晓　刘娴琳　李　俊　吕永红

梁玉环

前　言

随着国内经济水平的提升,居民收入水平不断增加,我国零售业市场规模逐年提高;随着互联网加的时代的到来,便利店迎来了发展的黄金时期。当前,80、90后消费者已经成为主力消费人群,他们追求的是消费的性价比,主张便捷、快速、随性、碎片化的消费;商超和大型卖场带来的是"价格优势",而便利店和电商是"便利优势",电商主要是空间便利,便利店主要是提供时间便利,即时性和便捷性,这是电商平台无法替代的贴心体验。在消费转型升级的当下,线上线下两种业态的相互融合,已经成为一种趋势。无人自助、餐饮等多业态融合的新业态便利店发展,也为传统零售业带来了新的发展方向。

现在便利店品牌越来越意识到标准化、规模化的重要性,同时资本的介入和本土零售人才的成长也让这些便利店有了升级的硬件和软件支持。如果说便利店在中国发展的前20年是野蛮生长的话,接下来的5~10年则将进入竞争升级、优胜劣汰和资源整合的阶段。

广西商业学校本着服务区域经济发展的目标,很早就在市场营销专业确立了便利店店长的培养目标和方向,并且与深圳市壹号便利店有限公司开展了深入地校企合作,共同培养新零售业态下的便利店店长。本教材针对便利店行业的发展趋势,结合便利店店长岗位的典型工作任务组织教材内容,在编写过程中紧扣便利店的管理实务,从便利店店长岗位认知、员工团队管理、便利店商品管理、便利店卖场管理、便利店运营管理、客户关系管理、便利店设备及安全管理等方面进行全面指导。整本教材的编写以任务为线索，以实用为目的，根据中职学生的学习特点，所有实训项目均按"任务驱动、实践教学和情境教学"的模式设计，让学生在一定的工作情境中完成实训，突出实战性；同时本书理论部分的内容遵循"适度、够用"的原则，强调与完成"任务"的需求相吻合，努力做到使学生易学、易懂、易接受。

本书由广西商业学校杨莉荪担任主编，李远来担任副主编。项目一由李远来编写，项目二由温春汉编写，项目三由杨莉荪编写，项目四由韦秋燕编写，项目五由罗青艳编写，项目六由刘盈迎编写，项目七由刘娴琳编写。本教材大纲由杨莉荪负责编写并统稿。本书在编写过程中得到了深圳市壹号便利店有限公司的大力支持，为本教材的编写提供店长岗位标准、内部培训资源等，在此，一并表示衷心的感谢！

由于编者水平有限，不足之处在所难免，欢迎相关专业人士和广大读者批评指正。

编　者

2018 年 3 月

目　　录

项目一　便利店店长岗位认知

**案例引入**

忙！忙！忙！

忙些啥？

忙着进行店面的巡视检查，忙着召开各种临时会议，忙着检查各种报表，忙着应对顾客投诉，忙着批阅各种申请报告，忙着准备员工的绩效考核……

作为便利店长的你，是不是处于以上所述盲目的忙乱状态呢？如果是，那么你就要学习以下课程了，只有明确了便利店店长的岗位认知，才能条理清晰而不至于在手忙脚乱中出差错，相信通过项目一的学习，你一定能摆脱这种"穷忙"的困境。

任务一　便利店店长的角色定位

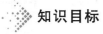**知识目标**

明确便利店店长的角色定位。

知识要点

一、店长的概念

店长，是便利商店的经营者，是门店的灵魂人物，无论连锁店还是单体店，门店店长都必须将店铺的各项资源有效地加以运用，完成各项经营指标。连锁店铺的店长还要服从公司总部的高度集中统一指挥，积极配合总部的各项营销策略的实施。

其主要作用与职责如下：

1. 教育管理

作为零售企业要树立一切为了顾客的观念，店长要随时教育全体员工"站在顾客的立场上考虑一切问题"，这是店铺工作的立足点。

2. 商品管理

商品管理的好坏是考核店长管理能力的重要标准。

（1）监督商品的要货、上货、补货，做好进货验收、商品陈列、商品质量和服务质量管理等有关作业。

（2）执行总部下达的商品价格变动。

（3）监督门店商品损耗管理，把握商品损耗尺度。

3. 销售管理

（1）执行总部下达的销售计划。店长应结合本店的实际，制定年度销售计划以及分月销售计划，以保证各项经济指标的完成。制定各部门的各项经济指标，将计划落实到各部门，与经济效益挂钩，调动全体员工的工作积极性。

（2）执行总部下达的促销计划和促销活动，制定本店的具体实施方案。

（3）掌握门店的销售动态，向总部建议新商品的引进和滞销品的淘汰。

4. 组织管理

店长要具备组织管理的能力，有效地汇集各部门的能量，从而充分发挥整体效能。

（1）做好门店各个部门的分工管理工作。

（2）对店员的管理：负责对职工考勤、仪容、仪表和服务规范执行情况的管理；负责对员工的培训教育；负责对职工人事考核、职工提升、降级和调动的建议。

（3）对店员的业务操作进行监督和指导：监督和审查门店会计、收银和报表制作、账务处理等作业；监督和检查理货员、服务员及其他人员作业。

5. 管理报表分析

在现代化的零售业中均运用管理系统来管理门店，使店长能够及时得到门店经营状况的信息资料。店长要对这些信息资料进行分析研究，做出改进经营的对策。信息资料有销售额日报表、商品销售排行表、促销效果表、费用明细表、盘点记录表、损益表、顾客意见表等。

6. 公共管理

(1) 向属地顾客做好店铺的自我宣传。

(2) 妥善处理顾客投诉和服务工作中所发生的各种矛盾。店长要站在顾客投诉的角度耐心听取顾客意见，对顾客表示感谢和道歉，并提出妥善解决的方法。店长要经常教育全体员工认真对待顾客的投诉意见，因为这些问题直接关系到企业的信誉和店铺的形象。

(3) 做好与门店周围社区的各项协调工作。积极参加所在社区的各项公益活动，与周围的部门、单位、学校、团体保持经常性的交流和和睦的关系。

7. 店铺设备及环境清洁、卫生的管理

(1) 掌握门店各种设备的维护保养知识。

(2) 监督门店内外的清洁卫生，负责保卫、防火等作业管理。

二、店长日常工作中的误区

(1) 抱着"给老板打工而已"的心态，做一天和尚撞一天钟。

(2) 只考虑公司的要求，注重员工的销售业绩，忽视员工其他方面的需求。

(3) 多数时候凭个人主观感觉来评定员工的优秀与否，偏袒和自己要好的人。

(4) 一副高高在上的"老板"的心态，对员工颐指气使。

(5) 店长凡事都亲力亲为，店长一不在，店铺乱了套。

三、店长不能有的品质

(1) 使越级汇报，自作主张。

(2) 推卸责任，逃避责任。

(3) 私下批评公司，抱怨公司现状。

（4）不设立目标，不相信自己和手下员工可以创造营业奇迹。

（5）有功劳时独自享受。

（6）不擅长运用员工的长处，只看到员工的短处。

四、优秀店长扮演的角色

（1）代表者——店长代表整个店铺的形象。

（2）经营者——指挥店员高效运作，对店铺经营的各项数据进行分析，在满足顾客需求的同时创造一定的经营利润，并对各项工作作出正确决策。

（3）管理者——控制和运用店铺的相关资源，管理店内营业活动并实现营业目标。

（4）协调者——协调解决店铺出现的各种问题，使工作保持顺畅。

（5）培训者——培训店员的各种技能，提升员工整体素质，激励店员不断为店铺创造效益。

任务二　便利店店长的主要工作

知识目标

掌握便利店店长的主要工作内容。

知识要点

一、对人的管理

对人的管理主要是对本店员工、来店购买商品的顾客及对门店商品的供货者的管理。

1. 对职工的管理

（1）出勤状况。

（2）服务。

（3）工作效率。

（4）门店共同作业守则。

1）上班时间必须穿着制服，维持服装仪容整洁。

2）上班前 20 分钟到达工作岗位。

3）服从主管命令、指示，不得顶撞或故意违抗。

4）上班时不得任意离开工作岗位，有事要离开必须预先向主管报告。

5）上班时间不得与人吵架或打架。

6）严格遵守休息时间。

7）爱护门店一切商品、设备、器具。

8）遵守顾客至上精神，提供亲切满意的服务。

9）随时维护卖场的环境整洁。

2. 对顾客的管理

对顾客的管理包括，顾客来自何处和顾客需要什么。

3. 对供货者的管理

供货商是企业内部配送中心的配送人员，来门店送货或者洽谈有关事宜，都必须在指定的地点，按照企业规定的程序执行。

二、对商品的管理

对商品的管理包括商品的包装、验收、订货、损耗、盘点、排面的作业，同时包含店长对商品的管理、清洁、质量、缺货等监督。

1. 对商品的陈列管理

商品是否做到了丰满陈列；是否做到了关联性陈列；是否做到了与促销活动相配合；是否做到了前进陈列；补充陈列是否做到了先进先出。

2. 对商品的损耗管理

对商品的损耗管理的主要注意事项：

（1）商品标签是否正确。

（2）销售处理是否得当（如特价卖出，原售价退回等必须有店长签字）。

（3）商品有效期管理不当，引起损耗。

（4）价格变动是否及时。

（5）商品盘点是否有误。

（6）商品进货是否不实，残货是否过多。

（7）员工是否擅自领取自用品。

（8）收银作业是否因错误引起损耗。

（9）顾客、员工、厂商的偷窃行为引起的损耗。

三、对现金的管理

收银管理：门店收银差错率的控制标准是万分之三。

除了控制收银员的差错率以外，收银管理其他主要事项：

（1）伪币。

（2）退货不实（退货必须有店长签字方可执行）。

（3）价格数输入错误。

（4）亲朋好友结账少输入。

（5）内外勾结逃过结账。

（6）少找顾客钱。

（7）直接偷钱。

（8）试验性购物检验收银员。

（9）进货票据管理，店长对进货票据的管理还体现在进货票据验收、登录和会计报表等作业环节上，因此每日亲自检查核实进货的数量、质量和价格是重要的。

项目二　员工团队管理

世界各国的成功企业都十分重视管理过程中的人的因素，着力培养企业的价值观与人文精神，注重发挥人的积极性、主动性和创造性。对于规模不大的便利商店而言，也应重视员工的团队管理。

在传统便利店的经营管理观念中，认为只要有人 24 小时值班，便能维持商店的正常运作。即使有人离职、大不了再雇几个人罢了。这种观念是极其要不得的。殊不知人员管理得当，将能使员工"人尽其才"，提高员工对企业的忠诚度。否则即使店里人手不缺，但员工因对店内工作程序不熟悉或其职责掌握不清，也会造成工作效率底下、情绪差、员工不和、相互猜忌等情况，都是店主所不愿意看到的。

因此，作为店主有必要对便利店的员工团队管理进行研究，以期提高商店的经营效益。

任务一　员工团队建设

知识目标

掌握员工团队的建设方法。

知识要点

人是人类社会一切活动的中心，即使是再发达的经济和商业社会，任何有价值的社会产物，也都是由人创造出来的。现代企业管理中，人的因素正日益得到重视，管理者正运用各种激励手段，调动和充分发挥人的积极性和创造性，以不断增强企业活力，引导员工去实现预定的目标。

世界各国的成功企业都十分重视管理过程中的人的因素，着力培养企业的价值观和人文精神，注重发挥人的积极性、主动性和创造性。对于规模不大的便利商店而言，也应重视对人力资源的有效管理。

在传统的便利店经营管理观念中，认为只要有人 24 小时值班，便能维持商店的正常运作。即使有人离职，大不了再雇几个人罢了。这种观念是极其要不得的。殊不知人力资源的运用得当，将能使员工"人尽其才"，提高员工对企业的忠诚度。否则即使店里人手不缺，但员工因对店内工作程序不熟悉或是职责掌握不清，也会造成工作效率低下、情绪差、员工不合、相互猜忌等状况，都是店主所不愿意看到的。

因此，作为店主有必要对便利店的人力资源管理进行深入的研究，以期提高商店的经营效益。

一、便利店人力资源规划

便利店的人力资源规划是指公司对未来人员的需求和供给之间可能差异的分析，或是公司对人力资源需求与供给做出的估计。

公司人力资源规划一般分为中长期规划和年度规划。长期规划是 10 年以上的计划，中期规划为 1～10 年。年度计划是执行计划，是中长期规划的贯彻和实施，中长期规划对公司的运作具有方向性的指导作用。便利店的人力资源规划一般应侧重于年度规划及 3～5 年的中期规划。

便利店人力资源规划的内容一般包括岗位职务规划、人员补充规划、人员培训规划等。

（1）岗位职务规划主要解决定员定编问题。便利店的人手不需要很多，定员问题显得相对简单些。店主可结合目前商店面积、经营规模和发展趋势，对人员进行确定与安排。

（2）人员补充规划就是在中长期内使店内岗位职务空缺能从质量与数量上得到合理的补充。人员补充规划要具体指出岗位所需人员的资历、技能和年龄等要求。

（3）培训规划是依据企业发展的要求，通过各种教育培训途径，为便利店培养当前和未来所需技能合格的经营和管理人员。

二、便利店的人员招聘

便利店人员规模比其他零售行业，例如百货公司、超级市场等要小得多。但由于其营业时间长的特性，故在人事制度和人员的调配上，往往会遇到许多困难。

便利店人力资源管理上最大的困难是人员流动率较高，人员的不足与高流动率将直接影响商店的经营效率和在职员工的工作情绪。因此在人员招聘的渠道和方法上应特别加以重视，唯有做好基础的选择工作，才能在日后的人才培训方面得心应手。

1. 人员招聘的渠道和方法

便利店人员的招聘应通过多渠道进行，使信息在最大程度上为应聘者所接受，也使店主有较大的选择余地。招聘可通过以下几个渠道进行。

（1）在店门口张贴招聘海报

由于便利店一般要 24 小时连续营业，店内购物空间随时应保持舒适、明亮和整洁。而活泼、轻松的卖场气氛更能吸引年轻的求职人员，醒目的海报有助于引起人们的注意并打破往日的沉寂，这种方法往往是招聘中最常用而且最有效的一种。

（2）报纸广告

这种方法费用较高，如果不是一次招聘多人，用这种方法则不太划算。但报纸广告也有利于提升小店的知名度，可以广泛地被求职者所了解，因此也是一种效果不错的方式。

（3）亲友介绍

通常经由亲友介绍来的员工，可信度较高，但同时也由于感情的包袱，使店主对待其不同于其他的员工，容易造成其他员工的心理不平衡。

（4）合作培训

所谓合作培训，是指公司与有意向合作的学校联系，请求其挑选适合的学生在店内实习，学习经营管理的基本技能。通过这种合作培训，公司本身即可以解决人力资源不足的问题，对于那些表现优异的实习生亦可作为商店的后备管理骨干，为日后人才的培养预留较大的空间。

2. 招聘人员时应注意的事项

由于便利店的人事费用占总费用的比例相当高，通常是不以超过营业额的 8％为标准，因此便利店在人员运用上更需考虑细致，是否运用了超额的人员而发挥不出该有的绩效，或者是因为人力不足而造成工作负荷过大、员工工作情绪低落。

因此，在人力不足时，店主应视经营的需要，适当增加人员，让店铺的工作分配合理化。在选择门市服务人员时，应注意以下事项：

（1）由于门市是公司的最前线，也是关系到公司能否赚钱的生产部门，因此对于现金交易的收银人员，应特别注意其人员的操守。

（2）门市人员的工作是直接面对客户，因此面相顺眼、有亲和力、性格活泼者，可以列为优先考虑的对象。

（3）在查阅应聘者的履历表及面谈时，当了解其就业经历经常变动，显示该求职者的就业稳定性不高，日后在工作岗位上可能坚持不了多久，店主必须稍加考虑。

（4）在学生寒暑假期间，往往有学生前来应聘。店主最好事先详细询问其准备工作的时间，再决定是否雇用，以防止苦心培养的员工在工作了 2～3 个月后便开学离去的情形发生，使商店人力安排出现混乱。当然，精明的店主也可充分利用学生勤工俭学这一特点，在学生放假期间，雇用一些廉价劳动力，使之为店铺经营出力。

（5）如果在正常人员配置下，有些高峰时段会出现人手不足，若再增加正职员工，则空闲时间又会显得过于浪费。在这种情况下，可以考虑适当招募计时的兼职人员，如此便可使繁忙时有足够的人手，在空闲时又不会出现人员闲置的现象。

三、有效地运用人力资源

如今的店铺管理包括商品、人员、供货商和顾客等。商品是死的，供货商和顾客又属于外在因素，唯有充分地运用及控制店内的员工，才能从主观上使商店的经营达到最佳状态，使顾客的服务满意度达到最高点。

要达到有效地运用人力资源，需从善用人才、确保人才和防止人才流失三方面着手。

1. 善用人才

店长在分配店内各项工作时，除了让员工们进行清洁、整理货物、收银等基本的流程外，还可根据能力、性格的特征分配其进行协助管理工作，并给予不同的职责。如此员工的能力可以得到充分的肯定，工作起来也更具有信心和成就感，大家各尽所能，各得其所。

2. 确保人才

通常，在给予员工适当的工作职责外，还应不时地给予关心，不断地做工作上的沟通，而且对于门市人员的排班问题也不可忽略。确保人才可从以下三方面入手：

（1）关心员工

零售业一般工资薪酬不高，工作比较烦琐普通，年轻的员工容易产生成就感的问题，有时会出现情绪波动较大，不能安心工作的情况。因此店章除了专注工作外，也需抽空关心门市人员的工作情况、心里想法，甚至是情绪低落的原因。让员工感到你不仅仅是个店老板，而是一个关心下属，体贴员工，重视员工的感受的好上司，使员工产生对你的向心力。

（2）与员工沟通

若缺乏沟通，员工会对公司的方针不明确，常会私下揣测，议论纷纷。其实，员工们是愿意遵守公司的有关规章制度的，只要与他们进行必要的沟通和宣传，他们就能了解企业的经营意图，使管理者获得满意的效果。与员工进行业务上、职务上各种事情的沟通是非常必要的。

（3）工作的安排

由于便利店的特征，强调 24 小时连续营业，所以势必有早、中、晚三班之分。一般排班不应随意变动，轮班最好半个月或 1 个月一次。店主在排班时务必做到公正公平，兼顾每位员工的特殊情况和要求，千万不可因个人恩怨而偏袒某人，忽略了别人的权益。

3.　防止人才流失

便利店的门市人员一般流动性较高，尤其是新进的员工。事实上这一直是困扰便利店经营者的一个头疼的问题。其实，人员流动一定有其形成的原因和深层次的背景，比如店主没有替员工办理养老金或医疗、失业保险，店主事事干预令员工无所适从，或人事管理不公平等，都可能造成高频度的人员流失。这些现象不能完全责怪离职员工，经营方也应反省自身的失误。因此，如何促使员工留下来为企业继续服务，是便利店经营者的一个重要课题，以下就防止人才流失提供几项建议。

（1）合理的福利制度

虽然目前我国就业形势依然严峻，下岗人员较多，但这并不意味着店主可以随意降低员工的福利。要使员工安心工作，就必须建立合理的福利制度，使便利店工作的员工获得起码的工作安全感。合理的福利措施，将让员工感到公司的重视及关心，使员工产生归属感。

（2）增加培训，提高员工专业知识

员工求职，除了满足生活基本所需外，如果可以给予有计划的培训，增强其专业能力，使其可以由工作中得到更多的成就感和成长学习的空间，让员工有发挥能力的机会，那么即使薪水不是很高，员工也会因工作所带来的乐趣及学习的机会而留下来。

（3）广泛听取员工的意见，并给予回应

任何人都希望他付出了努力能得到应有的肯定，如能被肯定，那么他一定会加倍努力，而且向心力也更强。店主也会因员工良好的表现而获得更多的报酬。因此，如果员工有意见，不管多么微不足道，店主都应认真处理，并尽快给予答复。

在我国众多的便利店中，虽然企业识别有所不同，但无论是设备、商品和商品种类等，都很类似，而且有的还相互模仿。经营者欲创造差异性，在人员上下工夫将是一条便捷之道。

以上主要从经营者的角度阐述了人力资源运用的观点。事实上人力资源运用亦不可忽视员工的立场，即人力资源运用应以人性化为依托，充分考虑员工本身的想法和要求，如商店员工的工作时间不宜过长，可以采用轮班方式或聘用兼职人员，将工作时间控制在合理范围内；对于体质较差的员工，可考虑将其安排在行政工作岗位上，或在门市工作中加以适当调整，使其工作一段时间可以休息，而不必长时间站立……

人力资源运用如能兼顾劳资双方的立场和观点，再通过上述所介绍的人力资源运用的原理和法则，并加强员工培训，使员工观念和行为能接近经营者的要求，这样就能营造良好的商店气氛，提供工作效率，使劳资相处和谐，人员的流动也会随之降低。当进入这种良性循环后，便利店的生意将兴旺发达，业绩将蒸蒸日上，店主的经营也会得心应手。

任务二　人员的培训与管理

知识目标

掌握便利店员工的培训与管理。

知识要点

人员培训是企业人事管理中非常重要的工作。便利店欲取得良好的经营业绩，除了与所处的商业圈有关外，还与店内工作人员是否具备专业技能紧密相关。虽然便利店的日常工作相对其他生产经营企业来说要显得简单得多，但店内操作熟练的员工能在很大程度上提高商店的经营效率，给客户留下良好的企业形象。

一、人员培训的目的

一家商店运营之成败，关键看经营者是否能有效运用人这项法宝。一般店铺的成员大致可划分为基层人员（兼职及正式职员）、中层人员（储备干部、副店长、会计）、管理者（店长、经营者）。而本章所要谈的教育训练的对象，是指直接参与店铺运作者而言。

经营一家便利商店，平均所需的人力约 6 位，而店职员流动率很高，因此大部分的经营者不认为应投资时间和金钱为职员做教育训练。然而开店的目的无非是赚钱，替职员教育训练也是追求利润的方式之一，其原因主要在于：

1. 创造差异，提高效率

近几年来，小型零售商店的业者，备感竞争越来越激烈。因此，要在其中求生存并立于不败之地，唯有创造差异化（如日本便利商店有偏重酒类型、偏重书报型等重视某一类型商品之便利商店出现）和提升效率（如提高商品周转率、提升职员工作效率等），而要达到以上目标，首要的任务为提升经营者及职员的素质。

2. 增加职员向心力，降低流动率

影响商店经营成败，最重要的因素之一为是否能与顾客建立感情。所以商店职员若流动率高，自然无法与消费者建立良好的感情。

在实践管理中，经营者不能再把店内职员定位在拖地、补货、操作收银机等，只从事一般事务性工作的阶段，而要将之视为共创事业的伙伴，适时地给予教育和训练，一方面，可让其分担经营者的工作；另一方面，可加强其对公司的向心力。

一般来说，教育训练的目的，在于提升各级从业人员的技术及能力，并加强其对公司的认同及向心力，借此来达到提升竞争力及追求利润的目的。

二、便利店人员教育和培训的内容

教育和训练不能混为一谈，两者是有所差异的，就内容而言，教育偏向于启发性及观念性，会影响一个人的思考范围及观念，训练则偏重于实务操作。就成效而言，教育不能即时展现其成果，例如让职员进修人事管理课程，若经营者期望员工回到工作岗位后，就能马上发挥学习成效，其结果往往会令人失望。

课堂上所传授的是观念性的知识，虽然也会有案例及操作示范，但每个人都是独立的个体，个性也不相同，因此学员不可能完全如法炮制，一成不变地用于工作。必须经过消化吸收后，转换成一套适合本店运作的人事制度，其效果才得以显现，故此期间所需的时间不一，这要根据个人的领悟力高低而言。

训练则有所不同。若经过技能训练之后，再回到工作岗位，其成果通常可以马上见到。例如，从未操作过收银机的人，在经过训练后，其速度、误差一定比未受过训练前改善许多。

了解教育与训练的区别，才能拟订各级人才的培育计划及课程内容的安排。而拟定计划时，应针对职位、工作内容、时段、发展规划等，设计一套具有连贯性及系统性的计划。

1. 兼职人员 (part time，PT)

经营者大都经历人力短缺的苦处，所以在高峰时段都会雇用兼职人员，一方面可缓和人力的不足，另一方面可降低人事费用。再者，兼职人员也是日后专职人员的最佳人选。

兼职人员其工作内容为实务的操作，因此教育训练时间为2~3个小时即可，课程内容包含：

(1) 标价机的使用说明：如何更换纸卷、调整价格键、简易故障的排除等。

(2) 补货时应注意事项：注意产品包装、制造日期、需采取先进先出方式等。

(3) 基本清洁管理概念。

2. 门市职员

门市职员因其工作内容除实务操作外，还需学习一些观念性的课程，所以时间为20~28小时较为适当。课程内容应涵盖：

(1) 门市设备的操作、维护及清洁（时间：3~4小时）

一般门市设备是指冷冻碳酸饮料机、汽水机、冷气机、冷冻冷藏冰箱、招牌、照明设备等直接或间接与销售有关的设备。教导门市职员正确的使用方法，并经常做一些基本的清洁及维护，可延长其寿命。

(2) 收银机的操作、维护及简易故障排除（时间：3~4小时）

欲成为专职的门市职员，首要条件是操作收银机的速度要快，误差率为零，并熟悉其各项功能。对于不曾操作收银机的新进人员，应将此课程列入首要的训练，厂商所附的操作手册即是最佳教材。

(3) 简易的包装技巧（时间：2~3小时）

消费者在购买礼品时，通常会要求"送者大方，受者实惠"，所以希望店家能包装礼品，故要教会员工简单的包扎技巧，如方形盒、圆柱盒、酒瓶、心形等形状的包扎方法，以及背心袋的使用方式、结饰等。

（4）商品陈列技巧（时间：2～3 小时）

商品周转率视其放置的区域而定，经营者应灌输店职员商品陈列的观念，如商品陈列的目的及原则，各类商品最佳的陈列位置等。

（5）店内安全管理（时间：2～3 小时）

为使员工安心地为公司工作，经营者必须降低他们在工作中所可能发生的意外灾害，如防抢、防偷、防骗及搬运商品时应注意事项等。

（6）报表制作（时间：3～4 小时）

报表是经营者管理职员的工具之一，故应教导员工填写基本的报表，如交班日报表、现金记录表、误打、销退、自用记录表等。

（7）经营理念（时间：1.5～2 小时）

商店运作顺畅，必要条件是经营者与职员的经营理念保持一致。因此，经营者在店职员培训时，应将经营理念导入课程中。

（8）顾客应对技巧（时间：1.5～2 小时）

有技巧而且适时与顾客沟通，是建立感情最佳的方法，其内容可涵盖八大术语应用时机、仪态、顾客抱怨处理等。

3. 管理者

管理者包括店主与店长，虽然目前店主大多兼任店长，但店主若欲提升自己的经营管理能力及效率，还是应从店职员中培养一位店长。

（1）店长

店长，是店内灵魂人物，因此除具备一般能力外，更应加强沟通技巧、管理及分析能力等。其内容为：

1）管理报表分析

报表所呈现的数据若不加以分析，就失去其用途。身为管理者应具备能将报表上的数字，转化为了解商店运营状况的资料，并能加以分析，以供决策时的参考依据。

2）商品管理

商品管理是指进、销、退、存四部分，能有效管理这四部分，不仅能让资金灵活运用，更能掌握销售先机。大部分消费者事先已构思欲购买的商品，所以其商品结构必须满足顾客的即时需要，才具有竞争力。

3）管理与沟通技巧

政策要达到最佳效果，在于管理者能否将它传达给员工，而达成共识，这有赖于管理者将管理与沟通技巧发挥到淋漓尽致的地步。

4）促销技巧

商店促销活动有助于商店形象、顾客数量或营业额的提升。有效商店促销活动来自于事前周全的计划及执行，故店主应加强店长这方面能力的提升。

5）营运计划的拟定

店长主导店的运营，店长必须具备了解、掌握店内营运情形的能力。

（2）店主

店主若想成为一位杰出的掌舵者，其所扮演的角色不是执行者，而是真正的经营管理者。因此除应具有副店长、店长必备的知识外，更应广泛掌握相关知识，例如了解未来趋势、面对竞争时如何自我诊断等。

4. 督导人员

督导人员（supervisor）是总部与店铺关系最密切的沟通者，凡总部有任何活动或政策需要通知旗下便利商店时，除通过书面资料外，都需督导人员到商店向经营者解说、宣传。当店铺经营者遇到经营问题，或需要总部支援时，也需通过督导人员加以指导或向总部反映。所以督导人员在总部和店铺两者之间，扮演着重要的沟通桥梁角色。

一位优秀的督导人员，必须十八般武艺样样精通，能随时随地处理各种状况，这些都依赖于总部的教育与训练。

督导人员除需深入了解店长与店主所应接受培训的课程外，还应接受下述专门课程：

（1）门市管理重点（时间：3 小时）。

（2）工作职责和行动计划（时间：3 小时）。

（3）商业圈调查与当地市场分析（时间：3 小时）。

（4）商店常用促销活动与做法（时间：3 小时）。

（5）消费形态趋势分析与商品管理（时间：3 小时）。

（6）情报系统应用与分析（时间：3 小时）。

（7）督导人员应具备的法律常识（时间：4 小时）。

（8）督导人员应具备的会计税务常识（时间：3 小时）。

（9）各项管理报表数据的解析及应变策略（时间：3 小时）。

（10）亏损分析与对策（时间：3 小时）。

（11）督导人员应有的营销技术（时间：3 小时）。

（12）谈判策略及技巧（时间：3 小时）。

（13）督导人员领导能力及沟通技巧（时间：3 小时）。

（14）效率管理（时间：3 小时）。

（15）门市经营分析步骤与指标（时间：3 小时）。

（16）顾客资料的建立（时间：3 小时）。

（17）顾客满意度及服务质量（时间：3 小时）。

（18）店铺辅导诊断实务（时间：36 小时）。

上述所谈到的各级作业人员的课程，皆是最基本的，若要成为杰出的从业人员，除应具备以上能力外，更应靠自身广泛而不断地学习以吸收相关的知识。

三、便利店教育训练的方法

教育训练的方法，可分为外派受训及自办训练两种。针对便利商店业者所开办的课程，其对象皆为一般管理者或普通员工。因此经营者对于高级管理阶层人员的教育训练，可采取外派受训的方式。

基层人员（专职店职员及兼职人员）则采取内部训练，所谓"工欲善其事，必先利其器"，欲使内部训练达到最佳成效，则必须了解及善用各种教育训练方法。

1. 授课法

授课法，是所有教育训练方法中，最常运用的一种。这种方法可将大量的知识和讯息，以较便捷的方式一次性传达。优点为受课者可一次接受大量的知识和讯息，缺点为由于个人本身的能力及学习动机之不同，导致理解上会出现差异。为弥补该缺点，辅导者应重视辅助教学工具（如白板、教材、视听器材等）的准备及运用，此外还要注意下列事项：

（1）内容需有连贯性

由于讲师可能对课程内容不够熟悉，而导致遗漏、疏忽，为避免此现象出现，应事先熟记课程大纲。

（2）随时留意受课者的反应

由于授课法是属于单向传授方式，显得较枯燥乏味，再加上一般人的专注程度 20～50 分钟，所以讲师应将授课时间分配得当，并适时地提出问题给学员，以激发其参与感，提升学习效果。

（3）听觉与视觉并重

为了不让授课内容显得单调、乏味，讲师除了注意声音的抑扬顿挫外，最好能运用多种辅助工具，并注意肢体语言传递。

（4）注意授课流程

为显现授课成效，应将授课分为导入、强调、解说、重点提示四个阶段，并循序渐进，一气呵成。

2. 讨论法

所谓讨论法，为听课者针对各种问题进行讨论，并于最后达成共识，得出一个共同性的结论。讨论的过程能激发彼此潜在的能力，有助于知识和能力的提升。

讨论法的优点在于能很好地与实务工作相结合，参与者能共同获得相关的知识和讯息，并在学习过程中增进人际关系。其缺点是讲师若不能有效控制时间，易发生时间不足的现象。而事前若无充分的准备，在讨论过程中，也易显得杂乱无章。

3. 读书法

读书法，是借由文字吸收知识，以培养问题意识，是训练思考的有效方法之一，也被视为促进自我启发的方式。其最大困难点在于，如何使学员有目的地阅读相关教材，或者说，应审慎选择教材。一般常用的读书法有两种：

（1）轮读法

学员在课堂中，一边研读书籍，一边吸收新知识，并需交心得报告。采用此法应于一开始就说明目的，并概略介绍书籍内容和作者简历。

轮读法分为朗读和默读，对于年纪轻、资历浅的学员，可采取朗读方式进行，若年纪长、资历深的学员，则应采用默读方式。其每次阅读数量应在 20 页以内较为适当。

（2）分组讨论法

指定书籍或某页重点，事先提示议题，并加以分析整理，于一定期限共同研讨。

4. 视听法

视听法，是运用各种视听工具，并配合有目的的引导，将听觉所接收到的讯息紧密结合，而深植于学员脑海中。

视听法与视觉、听觉有密不可分的关系，故须知各五官的特性。根据研究，五官知觉的比例，视觉器官是 83％，听觉器官是 11％，嗅觉器官为 3.5％，触觉器官为 1.5％，味觉器官为 1％。由此可知，视听法在知觉上已占了相当大的比例。

另外教学方法与听讲者的回想率（经过一段时间后的记忆力）也有关，若是单向的讲授方式，学员在 3 小时后的回想率是 70％，3 日后则为 10％。若讲师在讲解之余配合提示动作，学员于 3 小时后的回想率为 85％，3 日后仍有 14％的回想率，因此适当的引导教学可提升学习成效。

5. 实际演练法

实际演练法是指在经过讲师一番解说后，以实体供学员演练、印证，是实务技能培养最直接、最有效的方式。

四、便利店教育训练评估

教育训练评估，是针对已接受教育训练课程的职员，评估其能否以实际行动，展现所吸收的知识及技能，并评估训练内容是否符合实际工作所需。其方法如下。

1. 测验法

一般常用的评估方法为测验法，此法最为简便。在使用测验法时，必须注意几点：

（1）适当的评核表及试题

为使测验法能有效地评估其受训成效，事先应设计一套完备、适当的评核表及试题。设计时应考虑其周密性、互斥性及欲从中获得的讯息，而其测验日期应于受训后 1 个月内举行。

（2）非技能性的知识不适用此法

如收银机操作、经营设备的使用等属操作性的技能，用此法即能明了受训者的学习成效。而类似领导、商店销售技巧等属理论性的知识，使用测验法就不能明确地评估其成果。

2. 观察法

管理者以观察方式判断职员是否将教育训练的学习成效用于实务运作中，观察期的长短，则是以受训性质而定。若是属于易呈现在行动或态度上的训练（如顾客应对、陈列技巧等），在短期内即可看出其成效。若为知识或意念上的性质，则至少需有 3～4 个月的观察期间。

五、内部讲师的培训

经营者基于职员流动率高及经费的考虑，对于新进店的职员大都采取边做边学的方式，教导新进店职员学习各种知识和技能。此法易导致新进人员产生不安及不被重视的感受，如此恶性循环，将造成职员高流动率的出现。因此经营者若是考虑经费，则可针对资深职员的专长培养内部讲师，将店职员所应具备的各种基本技能，有系统地传递给新人。与此同时，需斟酌情形给予讲师一点酬劳以资鼓励，这样一方面可增进新、旧员工对公司的向心力，另一方面可借教学来增进彼此的知识及技能。内部训练的成效，讲师为最大因素，所以需慎选讲师。

身为讲师应具备"五心"，即耐心、爱心、恒心、自信心、包容心。同时尚需有乐观、开朗的个性和实事求是的精神。而内部讲师多为店内资深员工担任，已具备便利商店运作的知识及技能，对店内运营情况相当了解。因此尚需加强的能力就是授课技巧，一般从效率的角度出发，讲师教育训练大都采取外派受训方式进行，事后经营者再以观察法评估其学习成果。

"人才"是便利商店最重要的资源，这种观念已渐渐被经营者接受，因此经营者应逐渐重视从业人员能力的提升，并安排参加各种相关的教育训练。

值得一提的是，经营者不可将员工训练视为是流行、万灵丹或恩惠，否则其成效可能会大打折扣。经营者在安排员工训练的同时，自己也应不时地参与外界的讲习或座谈会，如此才能共同提升店铺的经营管理绩效，达到获取最大利润的目标。

便利商店人员教育训练课程一览表见表2-1与表2-2。

表2-1 便利商店各级人员教育训练课程一览表

各级人员	课程项目	时数
兼职人员	标价机的使用说明	15分钟
	补货须知	45分钟
	基本的清洁管理观念	60～95分钟
门市职员	经营理念	1.5～2小时
	收银机操作、维护及简易故障排除	3～4小时
	商品陈列技巧	2～3小时
	报表制作	3～4小时
	商店安全管理	2～3小时
	经营设备的操作、维护及清洁管理	3～4小时
	简易的包扎技巧	2～3小时
	顾客应对技巧	1.5～2小时
副店长	管理报表制作及账务处理	4～5小时
	商店形象管理	2～3小时
	基本法律常识	2～3小时
	报税须知	3～4小时
	盘点作业须知	6～7小时
店长	管理报表分析	3～4小时
	商品管理	3～4小时

各级人员	课程项目	时数
店长	管理与沟通技巧 商店销售技巧 营运计划的拟定	3～4 小时 3～4 小时 3～4 小时
店主	除需具备副店长及店长的知识外，应多方涉及相关的知识，如消费形态分析、商业圈特性及商品结构的剖析等	

表 2－2 督导人员教育训练课程一览表

课程项目	时数
1. 门市管理重点	3 小时
2. 工作职责和行动计划	3 小时
3. 商业圈调查与市场分析	3 小时
4. 商店常用促销活动与做法	3 小时
5. 消费形态趋势分析与商品管理	3 小时
6. 情报系统应用与分析	3 小时
7. 督导人员应具备的法律常识	3 小时
8. 督导人员应具备的会计税务常识	3 小时
9. 各项管理报表数据的解析及应对策略	3 小时
10. 盘损分析与对策	3 小时
11. 督导人员应有的销售技术	3 小时
12. 谈判策略及技巧	3 小时
13. 督导人员领导能力及沟通技巧	3 小时
14. 时间管理	3 小时
15. 门市经营分析步骤与指标	3 小时
16. 顾客资料的建立	3 小时
17. 顾客满意度及服务质量	3 小时
18. 店铺辅导诊断实务	36 小时

任务三　员工的招聘与考核

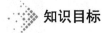 **知识目标**

掌握员工的招聘与考核方法。

 知识要点

一、便利店组织形式

1. 便利店工作程序

由于便利店绝大部分是 24 小时全年无休息的运营，经营者又不可能常年累月无时无刻地监督店铺的营业，所以只有借助一套标准的作业程序，将人、事、时、物等因素的运作都规范在内，使全体员工能有所遵循。

便利店的作业程序可分为几个项目。

人的作业程序；事的作业程序；物的作业程序

上述作业程序的最终推动者是便利店中的"人"，如果有良好的人力资源管理，那么整个店铺的经营将进入正轨，店内的各项资源也将发挥最大的效用，以赚取最大的利润。

各项作业程序可细分如下：

（1）人的作业程序

1）组织和人员的编制。

2）工作岗位的权利和义务。

3）人事资料的建立和维护。

4）福利措施和薪资制度。

（2）事的作业程序

1）店铺内外的清洁工作。

2）工作手册的制订。

3）工作效率的提升。

4）物品质量的管理。

5）店内活泼、亲切气氛的塑造和维护。

（3）物的作业程序

1）商品进货、销售和储存的管理。包括定货、进货、验货、标价、上架；货架管理、排货、缺货防止、滞销品淘汰；仓库库存最适量、灾害和变质的防范等。

2）新商品、新信息的引入。

3）不良商品的保存和退货。

2. 便利店的组织形式

以便利店的经营规模来划分，小规模的可以采取单个商店的经营模式，大规模的则可采取连锁经营的模式。但无论规模的大小，都应建立一套适合企业实际情况的组织架构，使每位员工的才干都与其职务相称。一旦人员过多或过少，都会给便利店的经营带来困难。

连锁便利店组织可以分为：直营连锁店（RC）、授权加盟连锁店（FC）、自愿加盟连锁店（VC）和混合型连锁店（RC＋FC 或 RC＋VC）。这些连锁店的组织结构一般如图 2-1 所示。

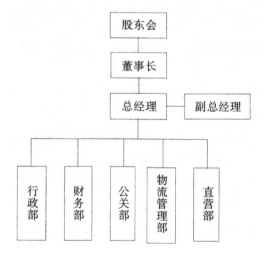

图 2-1　便利店总部组织结构图

单个商店的组织如图 2-2 所示。

3. 便利店各时段的工作内容

便利店如要经营得好，需每个成员分工合作，并且能相互支援。这里将便利店早

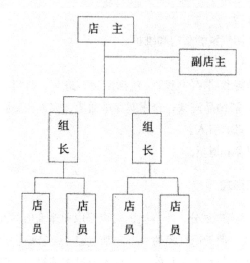

图 2－2　单个便利店组织结构图

班、中班和夜班的工作内容分述如下：

（1）早班（7：00—15：00）

1）灯光及设备的电源按时开关及维护。

2）商品陈列，分类整理，保持整齐、丰富，缺货商品予以补货或定货。

3）各类经营设备开始运作。

4）柜台区域维持整洁干净。

5）整理、清洁室内外的地面。

6）收银机擦拭保养。

7）店面玻璃保持清洁。

（2）中班（15：00—23：00）

1）本班人流较多，应注意商品的整齐和丰富感。

2）商品补货，将商品整理整齐。

3）18：00 开户外灯箱和有关照明灯具。

4）随时维护地面的清洁。

（3）夜班（23：00—7：00）

1）由于夜班的客人数量较少，因此许多机器的保养、清洁将在此时进行。

2）进行全面的商品补货，使货架丰满、整洁干净。

3）收银机擦拭保养并关闭电源休息（没人的时候）。

4）到期食品和报纸的挑选整理。

5）早报的整理和陈列。

6）室内外地板的清洁并拖地。

7）清晨将垃圾集中便于处理。

4. 便利店的岗位职责

一家便利店必须有人员、商品和顾客才能构成，而其中人员的配置又是重头戏。通常商店的人员配置有店主、店长、组长、门市人员，无论哪个岗位，在商店中都占有举足轻重的地位，缺一不可，互相依赖。因此，职责的划分、角色的扮演恰当与否，也就显得相当重要。以下就这四个岗位的职责加以说明。

（1）店主的职责

一家便利店的诞生及由来，虽然可能是由许多人共同努力，但其中最具关键性的人物就是"店主"，因为他是商店的所有者。那么店主这个角色应如何扮演好呢？当店长在的情况下，通常他是位居幕后，并不实际打理商店事务。但他必须能够对商店的账务及人员熟悉了解，尤其必须常常为员工打气，甚至给予实质性的奖赏，以提高和加强员工对商店的向心力。

（2）店长的职责

在一般组织中，最重要的灵魂人物不是店主，而是店长。店长的责任为负责门市运营的工作绩效、业绩和营业利润，因此必须赋予店长非常明确的职责，如以下各点：

1）执行上级政策，并要求店职员执行配合，以期达到预定的目标。

2）对所有店职员的行为负责，并依规定招聘符合标准的职员，以及解雇表现不良的职员。

3）负责培训店职员，并推荐和培养有能力者。

4）负责安排各项店务工作、时间分配及调配各班事宜。

5）以最低的库存量，依零缺货原则来执行商品计划，以期创造最高的毛利率和营业额。

6）负责控制各项费用，包括坏品、水费、电费、电话费、杂费、修缮费、薪资、加班费等。

7）妥当处理各类进货、退货凭证（发票、水费、电费、退货单），以及规定的货款给付（包括现金、支票）。

8）负责门市运营的盘点。

9）负责现金及收银机管理，并调节门市运营所需的流动资金。

10）扮演店主与店职员之间的桥梁角色，以期上情下传，下情上达。

11）对于门市有关的非营业因素人员，做好公关工作，如邻居、房东、环卫等。

（3）组长角色的扮演

组长的工作时间和一般门市人员无异，也同样需实行轮班制，组长基本上在便利商店中较无实权，属虚设的职位。但由于其为储备干部，在必要时间将是接任店长职位的优先人选，因此在平时需培养其经营管理能力，其职责如下所述：

1）协助店长处理店务，包括报表制作、人员安排、状况处理、各项费用控制等。

2）扮演店长（店主）和店职员之间的桥梁角色，由于店长面对任务执行的压力与责任，因此在要求上难免会显得苛刻，而门市人员在不知情的情况下，容易产生误解。故此时组长便必须担负起润滑、协调的角色，并在店职员有建议事项或生活上发生问题时主动告知店长，并协助处理。

（4）门市人员角色的扮演

一般而言，门市人员的工作职责不外乎清洁工作、补货、收银、销售等基本实务的操作，是直接面对顾客的最前线，是门市形象的代表者，是商店清洁的维护者，是上级命令最基层的执行者。

二、日常工作管理与考核制度

一家公司不论规模大小、人数多少，对于每一位员工的考勤、轮职、升迁和考核，都应有一套标准化的制度以规范员工行为，这样公司的运作才能走上正轨。

1. 效率化的考勤制度

（1）出勤、退勤制度的建立和管理

和一般公司不同的是，便利店的员工并不能享受早9晚5的正常工作作息，而是以排定的班别，来决定上、下班的时间。

为维持商店正常运作和各班人员交接顺利，店主通常要求店内职员至少于当班前5分钟到达，并以打卡或签到来记录出勤的时间。

打卡钟最好设在店主可以看得到的地方，以防有人代打，签到簿可采用一天一张，或一个职员一张的方式，以便掌握所有人的出勤、退勤情况。

一般以打卡钟记录考勤较为实用，如果必须采用签到簿管理出勤、退勤，最好另设一份签退簿，由上班的员工在下班交接时填写，减少舞弊造假的机会。这从管理上来说，也更具有实际意义。

此外，在交接班时，每人都要填写一份"交班日报表"，明确填写误打和退货等各项记录，同时填上交班的确切时间，这也将是日后在考勤管理上的一项重要记录。

除了这些制度的建立和管理之外，更重要的还是要公平、合理，不论店主或员工，都应该切实遵守这些工作守则绝不可徇私舞弊，尤其是店主更应以身作则，实施真正的管理。

（2）出勤、退勤制度的建档管理

考勤制度建立后，接下来便是考勤制度的建档管理，作为日后在绩效考评、调薪或升迁时的参考依据。

为了缩短建档的时间，不妨利用电脑作为资料的储存工具，将每个职员的出勤、退勤时间，输入电脑中，店主可以定期打印出来，作为考评的依据。

2. 公平合理的轮调制度

（1）轮调制度

以提供 24 小时服务为宗旨的便利商店，可以说是服务业中较具代表性的一种类型。从事便利店工作的职员，除了不能享受正常的工作作息外，甚至连法定假日也难得轻松一下。普通百姓放假的时候，往往正是便利店最繁忙、最累的时候。

正是因为服务业上下班时间不定，休假时间也不一定，所以平日在各班次的排定以及休假、请假等事项上，应予以明确规范，并尽量照顾店内职员应有的权利。如此以来，他们才愿意在工作上全力以赴。

通常不论是早班、中班还是夜班，店长都会在几周前事先安排好人员和班次，有的店是 1 周轮 1 次，有的店是 1 个月轮一次。轮调的时间长短，由各店视其实际经营时间而定。

虽然店方规定每个职员 1 周可休息一天或两天，但因星期天的生意通常比较好，而且周日也是店长的休息日，所以，只要是周 6 或周日以外的日子，都可以作为普通店员的休息日。

店长在轮班排表时，不妨事先询问店职员的需求，然后再设法安排班别。如果同一天同时有两个人请假，店长也可及早协调，设法以最合理的方式解决排班的问题。

已经排定的当月或本周的轮值排班表，由店长张贴在信息栏上，如果店员临时有事，可以私下进行调班，再向店长汇报即可。

（2）请假办法

事假、病假、婚假和丧假等是店员应享有的权利，可按照劳动法来办理，但相关员工应事先提出申请。尤其是事假必须有正当理由，报请店长批准后，才算完成请假的手续，一般得扣除当月的全勤奖和当日的薪金。病假的请假应附带医院的证明，如果需要长期治疗，店主可视情况给予停薪留职。

根据便利店的实际情况，店主还可以给予店内每位员工一年一定的带薪休假，以作为员工的福利。但休假的员工必须提前提出申请，以免因店内人手不足而影响正常经营。

各班次工作的要领，详见表2-3至表2-5。

表2-3　早班工作检查表（早班7：00—15：00）

工作项目 ＼ 日期	1	2	3	4	5	6	7	8	9	…	26	27	28	29	30	31
1. 开灯、开招牌灯																
2. 开经营设备开关																
3. 点交班现金、按责任键																
4. 柜台整理、擦拭收银机																
5. 货架擦拭、补货、拉排面																
6. 订商品、糕点																
7. 清洗自动门、玻璃窗																
8. 拖地、店内外打扫																
9. 厂商进货验货、上货架																
10. 补冷藏冰箱、排面																
11. 仓库整理、整理排面																
12. 纸箱、空箱、空瓶收好																
13. 清洗烟灰缸、垃圾桶																
14. 保养及维护经营设备																
15. 排快餐美食上货架																
16. 交接班对账、填交班日报表																
17. 制服挂好、交代事项留言																
签　名																

注意：1. 工作完成时请打√；

　　　2. 请签名后再下班。

表2-4　中班工作检查表（中班15：00—23：00）

日期　　工作项目	1	2	3	4	5	6	7	8	9	…	26	27	28	29	30	31
1. 交接班、按交班键																
2. 进货时验收、补货																
3. 拖地																
4. 擦拭货架、整理排面																
5. 整理仓库																
6. 开招牌灯																
7. 补冷藏冰箱、整理候补室																
8. 整理卧式冰箱内的排列																
9. 倒垃圾																
10. 空箱整理、空瓶整理																
11. 经营设备的维护保养																
12. 检查过期产品、变价																
13. 清洗烟灰缸、死角																
14. 检查过期杂志																
15. 清洗冷气机（每周2、6）																
16. 交接班、填交班日报表																
17. 填写各班交接、注意事项																
签　名																

表2-5　晚班工作检查表（晚班23：00—7：00）

日期　　工作项目	1	2	3	4	5	6	7	8	9	…	26	27	28	29	30	31
1. 交接班（清点现金、按责任键、对账）																
2. 检查冰箱温度及冰箱加水																
3. 商店内外打扫																
4. 拖地																
5. 商品标价、补货																

日期 工作项目	1	2	3	4	5	6	7	8	9	…	26	27	28	29	30	31
6. 擦拭货架及整理排面																
7. 厂商进货验收																
8. 柜台擦拭及用品归位																
9. 开启招牌灯																
10. 仓库整理																
11. 空瓶箱整理归类																
12. 清洗经营设备及保养																
13. 清洗烟灰缸、垃圾桶及脚踏垫																
14. 变价、报废、检查过期品																
15. 冷藏冰箱补货及排面整理																
16. 卧式冰箱内商品排列整齐																
17. 倒垃圾																
签　名																

3. 员工绩效考核制度

（1）考核的意义与目的

人事管理有选、训、用、评、留等步骤，经过了费时的选和训之后，对于已用的人，考评工作更是必不可少。员工绩效考评关系到每位职员日后的升迁和发展，应力求客观和公正。便利店的绩效考核制度，将有助于店主一目了然下属员工的工作绩效。

欧美国家一般通过目标管理来作为考核员工的依据。所谓目标管理，就是制定每位员工的必要职责范围和预期成果，然后再利用这一标准，指导员工的日常作业，并以此作为考评员工绩效及其贡献程度的标准。既充分发挥了考核的意义，同时也达到了考核制度设立的目的。

（2）考核制度的评价标准

考核制度除了影响员工日后的升迁外，也与员工薪水和奖金有关。一般来说，便利店为了鼓励员工准时上、下班，可设立"全勤奖"。如果一位员工在1个月内的正常休假之外，没有再额外请假或迟到早退的次数低于规定的次数，就可以领到全勤奖。员工事假、病假和矿工的处理应采取不同的标准。

除了考勤记录、请假次数，员工在日常店内的工作表现、工作情形、工作能力及工作态度，都可列为考核的项目，以达到真正的奖罚分明的管理效果。

4. 畅通的升迁渠道

（1）建立标准化的升迁制度

便利店的经营面积虽然不大，但是从清洁工到店主，上上下下也需要好几个人，更何况是连锁形式的便利店组织。除了店主需要全身心地投入工作外，其余员工也应把便利店当成自己的事业来经营。而吸引店内职员乐于工作的诱惑之一，就是良好而畅通的升迁渠道，让每个人都能在工作中获得成就。

最利于便利店长久经营的组织形式，就是所谓的"店长管理型"，即除了店主以外，权利最大的就是店长。如果是一家体制完善的公司，或是大型连锁企业，为培养店内后备人才，通常会在店长下附设一位副店长，以协助店长处理店内的事务。有时还会配备 1～2 名储备干部或组长，其下才是正式的店职员、最基层的服务人员。设立储备干部的用意，主要是希望能缩短培训的时间，或是一旦其他分店开张时，可以立即加以任用。

当公司选聘新人时，不管是试用工或是组长，都应当明确告知公司的升迁渠道，并表明公司培训、选拔人才的用意。如此以来，员工在有前途、有发展的诱因驱动下，自然会乐意在公司努力工作。

（2）升迁方法与评定的标准

便利店从试用工—正式职员—组长—副店长—店长，是完整的升迁渠道。想从试用工一步步升到店长一职，资历与努力在初期就显得非常重要。

许多大型连锁便利店主要是以资历作为升迁的主要条件，比如做了 1 年的正式员工可以提拔为组长，而做了 1 年组长则有资格升为副店长等。

在资历达到一定程度后，接下来就要看在工作上的表现了。通常临时工或正式员工只能接触到铺面、清洁整理等常规性的工作，而一旦升格为组长时，就不能像普通员工一样有正常的上、下班时间。此时往往需要在工作中投入更多的时间和精力，以增加处理公司内突发事件的能力。

升迁除了要考虑工作资历和经历外，平时的考勤记录、工作表现、员工意见等也是影响一个人升迁的重要因素。

如何利用畅通无碍的升迁渠道去激励员工努力工作，是一门艺术，也是留住人才的好方法。一些连锁店的总部甚至将表现优异的店长提升到总部任职，辅导其下属的连锁店或加盟店，使人才资源得到充分的利用，使企业始终保持良好的竞争状态。

三、薪资与福利制度

1. 按劳分配的薪资制度

对大多数人来说，薪资虽然不是努力工作的唯一目标，却也称得上是必要而且重要的条件。也确实有许多人在选择工作时，把薪水当作重要的指标。

薪资对于普通员工的意义，含有"按劳取酬"和"保障生活"这两大内容。也就是说，薪资公正的条件必须是以按劳分配为基本出发点，而且能保障生活的无忧。

薪资具有劳动力价格的性质，而价格则分为买方和卖方，买方是根据该劳动力能产生多大的价值而定；而卖方则是由作为创造劳动力成本的生活费用所决定。所以，薪资的给付如要在卖方与买方（即员工与雇主）之间达成协调，就必须在这两个价值间寻求平衡点。

"按劳分配"意味付出越多，应得到的报酬也越多。这里所指的付出不单是指体力，精神上的付出也包括在内。不同职位的员工，承担的责任不同，体力和精力付出不同，因此所获得的报酬也必然不同。

除了临时工之外，便利店正式员工的薪资一般以"月"为发放间隔。薪资的内容大致包括以下内容：基本工资、伙食费、全勤奖、交通补贴和加班津贴等。除了这些项目外，公司还将视情况给予员工效益奖、职务津贴，既兼顾了按劳分配，同时也适当拉开一定差距。

2. 利益共享的福利制度

福利制度的建立，应该考虑到便利店的每个成员。不管是店主、普通员工或是临时工，都应享有完善的福利措施，以保障员工的工作、安全和基本生活。

（1）保险的必要性

根据劳动法的规定，雇主有义务为员工办理保险，以作为工作上的一项保障。便利店的员工除了享有基本劳动保障外，还应有意外险的保障。因为便利店的现金收入通常会成为歹徒虎视眈眈的目标。加上 24 小时连续营业，值夜班时正值夜深人静，危险概率很高，存在发生意外的可能性。

（2）各项津贴的给付办法

薪资中的交通补贴、加班补贴和职务津贴等，是便利店依据员工的实际需要，在生活方面给予的实际补助。这种费用不是一成不变的，要根据商店的经营效益、社会生活的平均水平和员工实际情况而定。便利店可每年对员工的各项津贴进行调整与重新设定，使其能满足员工的基本需要，又不至于过多地增加营业成本。

3. 休假与旅游

公司为了照顾员工，往往利用休假日安排员工旅游或休闲活动。公司的出发点是好的，但若是在费用的归属方面没有处理妥当，往往会引起员工不满及对公司的不信任。

一般便利店都设有公积金，以支付员工的各项休闲活动的开销。公积金的累积与支出，必须做好详细的记录，并交店长或会计人员保管，负责保管的人应每隔一段时间列出一张费用支出明细，告知每位员工。

为犒赏成绩突出的员工，公司还可以制定一套奖励员工外出旅游的办法，由符合资格的员工提出申请或由店主挑选表现突出的员工，予以旅游或休假奖励。

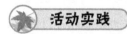

透视麦当劳的用人之法

吃过麦当劳快餐的人都知道，在任何一个麦当劳店，你所得到的汉堡都是一样的。这就是麦当劳的连锁标准化管理。麦当劳的人力资源管理也同样有一套标准化管理模式，包括如何面试，如何挖掘一个人的潜力等。这些也是每个便利店商家需要去学习的。

1. 天才是留不住的

麦当劳不用天才，天才是留不住的。麦当劳用最适合的人才，用努力去工作的人。

麦当劳的员工不是只来自一个渠道，而是从不同的渠道请人。麦当劳的人才组合是家庭式的。去麦当劳可以看到有年纪大的员工，也有年纪轻的员工，年纪大的可以把经验告诉年纪轻的，同时又被年轻人的活力所带动。因此，麦当劳请人不一定都是大学生，而是什么人都有。

2. 鼓励员工永远追求卓越

麦当劳的管理人员95％要从员工做起，包括所有的领导。每年麦当劳北京公司要花1200万元用于培训员工，包括平时培训或去美国上汉堡大学。麦当劳在中国有三个培训中心，培训中心的老师全都是公司有经验的营运人员。餐厅部经理以上人员要到汉堡大学学习，北京 50 家连锁店已有 100 多人在汉堡大学学习过。不单去美国、日本、新加坡，一些比较好的、他们没有去过的城市都去。麦当劳就是要让员工感觉有发展。

从炸薯条做起。每一个进入麦当劳的人都必须先熟悉一下做汉堡包和炸薯条的工作。因为麦当劳认为，从脚踏实地做起是在这一行业中取得成功的必要条件。如果人们没有经历各个阶段的尝试，没有在各个岗位亲自实践过，那么以后又怎能了解和管理餐馆呢？从收付款到炸薯条，每个工作岗位上都可能造就出未来的餐馆经理。

培训就是让员工得到尽快发展。很多企业就像金字塔，越上去越小；麦当劳的人才体系像棵圣诞树，你能力足够大，就会让你升一层，成为一个分枝，再上去又成一个分枝，你永远有升迁的机会，因为麦当劳是连锁经营。

3. 麦当劳里没有试用期

麦当劳的面试分三步：第一步由人力资源部门面试；第二步由各职能部门面试；第三步请他来店里工作三天，这三天也给工资。

一般企业试工要 3～6 个月，麦当劳三天就够了。当然麦当劳的招聘也不能百分之百地做到没问题，但通常看这个人适合做什么工作，他有哪些优点可以来帮助麦当劳的发展。

麦当劳没有试用期，但有长期的考核目标。考核，不是一定要让你做什么，而是希望发展你。麦当劳有一个叫 360°的评估，就是让你周围的人都来评估你：你的同事对你的感受怎么样？你的上司对你的感受怎么样？

4. 员工培训方式

麦当劳的员工培训方式，有以下几种。

（1）按月考核辅导

每个月，组长和所有管理员工都会进行一次沟通，组长会以绩效考核表评估，不过在填表之前，管理组如果对评估有任何意见，都可以先和经理协商，进行双向沟通，但是其目的仅限于建立共同的价值观与辅导。组长不会因为员工的答辩而修改考核成绩。

经过每个月的考核与事后个别谈话，管理组同事可以感受到被关心的程度，因而激起了劳动意愿，为下次的考评努力。

（2）采取多样化的沟通方式

在门市内全体工作人员有三种主要沟通方式：会议、临时座谈会、利用公告栏。

沟通方式一般为面谈，除了成绩考核以外，在训练及辅导时也常使用沟通方式。麦当劳门市还备有各种笔记本，如服务员联络簿、经理联络簿、训练员联络簿等，这些随时可将公示上的重点写下，也可借此互传信息。麦当劳的这些沟通渠道，其真正意义在于创造"资源共有化"，所有工作人员持有一种共识，进而促使每个工作者参与、合作、负责。

5. 麦当劳劳动管理制度

一家麦当劳店平均有60～80名的工作者，其中只有少数全薪工作者，也就是说一天分三班，每一班只有3～5名正式职员。而正式职员一星期只工作5天，计时兼职则有"登记制度"，所以整间店面，营业时间内可能都由计时打工者掌握营运及管理。

在这种情况下，使用单纯化、标准化与专业化的作业设备是必要的，但是更重要的是建立"整体性劳动管理制度"，让短期打工者的劳动力能在短时间内发挥最大功效。

要想引进素质良好的计时打工者，在工作管理上难免要将这些人纳入"工作者"体制的观念中，而餐饮界兼职打工的绩效一直未见好转，这其中的原因有三点：

（1）对于计时工作制度缺乏了解；

（2）工作手册未能制度化；

（3）没有为计时工作者建立一套完整的管理系统。

正因为如此，所以会出现计时工作者与月薪工作者之间无法统一作业的弊端。这也是餐饮业至今仍然无法全面引进计时工作者的原因。

麦当劳有句宣传口号："任何时间、任何地方、任何人。"这并非只针对产品，它在制造方法、贩卖管理、品质与库存管理、卫生与安全管理、劳务管理、顾客管理等方面，都很确实地做到了"不论何时、何地、何人"的原则。实际上，整间店面的管理，都委托给管理组中职位最低的计时经理。因此，麦当劳所有的工作人员，在机会平等前提下，不论正式职员还是打工人员，每个人的地位与相对报酬都是相等的。

兼职打工的原动力并不是在招募、录取时就能发挥的，要经过教育、训练、考核、奖励、沟通的过程，自然而然提升"工作意愿"，有了工作意愿，自然可以发挥最强的原动力了。

6. 按工作成绩付酬

这能使那些创造了最好工作成绩的人得到明显增加的工资，从而使他们得到最优厚的报酬，根据则是他们在一年中的工作成绩和达到的目标。在个人收入方面，雇员的工资变动很大，它根据每次工作岗位的调动而变动，随着职位的提高而增长。在法国，初入麦当劳公司的人是按每年 11 万～13 万法郎付薪。而从第 5 个月起则按每年 13 万～15 万法郎付薪。18 个月后如果你顺利地升任经理则为 18 万法郎，监督管理员除了每年能拿到 25 万法郎外，还有许多实物好处。公司工作人员往往很少长时间待在一个工作岗位上不动，因此他们必须不断努力才能取得新的工作成绩，而这则关系到他的薪水增加问题。

项目三　便利店商品管理

国内便利店正在经历规模快速扩张和经营能力严重缺乏的双重恶性循环。连锁便利店企业以追求门店数量为目的的运营，往往掩盖着运营管理方面的问题，在资源整合和管理方面形成越来越多的潜在危机。而日常运营和采购之间的矛盾是导致缺货的关键因素，所以我们必须把握商品管理的技巧。

任务一　订货管理

知识目标

掌握便利店经营中的订货管理。

知识要点

一、采购中的"九步法则"

商品采购是便利店的主要业务活动之一。便利店就如同是一个聚宝盆，而便利店经营者就是探宝人。但如何才能尽快找到优质、低价、高效的"奇珍异宝"，来确保采购工作的圆满完成呢？要想达到这个目标，就得利用采购的技巧。

怎样实现采购的目标呢？总的来说，采购可以分九步走。

1. 确定采购渠道

采购渠道多种多样，稍有疏忽就可能走错方向，选择恰当的采购渠道，这是一个非常重要的一步。

供货渠道可以分为三类：一是商品配送中心（如果是加盟店的话）；二是原有的外部供货者；三是新的外部供货者。

（1）商品配送中心。有些便利店加盟公司附设有自己的加工厂或车间，有些企业集团设有商品配送中心。这些供货者是加盟店的供货渠道。

（2）原有的外部供货者。便利店与经常联系的一些业务伙伴，经过多年的市场交往，对这些单位的商品质量、价格、信誉等比较熟悉了解，对方也愿意合作，遇到困难相互支持。因此，可成为以后便利店稳定的商品供应者。

（3）新的外部供货者。由于日后商品品种的扩大，便利店经营者需要增加新的供货者。选择新的供货者是商品采购的重要业务决策，要从货源的可靠程度、商品质量和价格、交货时间等方面做比较。

为了保证货源质量，商品采购必须建立供货商资料档案，并随时增补有关信息，以便通过信息资料的比较对比，最终确定选择供货商。

2. 甄别商品

在商品采购中，我们首先必须让供应商出具质量合格证和商检合格证等有关文件，以确保将来交易成功。在可能的情况下，对一些产品，如蔬菜、衣服、家电用品、奶类等商品，应要求供应商提供样品封存，以避免日后的纠纷或甚至法律诉讼。对于瑕疵品或在仓储运输过程损坏的商品，在采购时应要求退货或退款，并用合同保证相关权利。

3. 核定包装标准

大部分商品的包装扮演着非常重要的角色。据顾客们反映，一些包装好、有特点的商品通常他们是很喜欢的。而对包装好坏的界定，只能以适合消费和处理为宜。同时，外包装若不够坚固，仓储运输的损坏太大，降低作业效率，并影响利润。外包装要是过于坚固，则生产企业的成本会由此增加，采购价格势必偏高，导致商品的价格缺乏竞争力。

4. 谈判价格

除了质量与包装之外，价格是所有采购事项中最重要的项目。在采购之前，我们应事先调查市场价格，不可听供应商的一面之词，误入圈套。如果没有相同商品的市价可查，应参考类似商品的市价。

数家供应商进行竞标时，商家应选择两三家较低标的供应商，再分别与他们采购，求得公平而合理的价格。但在使用竞标方式时，切勿认为能提供最低价格的供应商即为最好的供应商。我们必须综合一个供应商的送货、售后服务、营销支持和其他赞助等支持。我们经常发现，有些超市采购人员会放弃愿意提供极低价格的批发商，原因就在于过低的价格通常会意味着低的产品质量，以及销售环节及售后环节的薄弱。我们相信，没有人愿意冒这样的风险。

5. 确定折扣规则

便利店的折扣通常总会有新产品的引进折扣、数量折扣、汇款折扣、促销折扣、无退货折扣、季节性折扣和经销折扣等数种。有些供应商可能会由没有一点儿折扣开始，有经验的经营者会列出各种形态折扣，要求供应商让步。

6. 售后服务

对于需要售后维修的产品，商家就要求供货商提供免费的 1～3 年的售后服务，并将保修卡放置在包装盒内，保修卡应该标明本区域商圈内的维修商地址及电话。

7. 让利于顾客

在促销商品的价格采购中，我们必须了解一般供应商的营销费用预算通常占到总营业额的 10％～25％，供应商非常容易从这部分预算中拨出一部分作为促销费用。一般来说，大品牌的供应商在促销期间一般都愿意将价格下浮 10％～30％，有些小品牌或不知名品牌甚至能下浮 50％。他们的目的非常简单：薄利多销，增加产品知名度。采购人员应该充分了解供应商的需求和目的。

8. 争取广告赞助

为增加便利店的利润，商家应积极与供应商争取更多的宣传支持。便利店所指的宣传支持，有便利店快讯、室内灯箱、室外灯箱或户外看板、购物车广告、购物袋广告、电视墙广告、店内广播广告等几项。

只要供货商在自己的范围内，愿意提供的赞助都可以和对方商谈，否则可以竞选同类有活动的产品。

9. 签订采购合同

在以上的采购谈判中，我们对购买条件等和对方进行了深入磋商，并提出采购商品的数量、花色、品种、规格要求。商品质量标准和包装条件，商品价格和结算方式，交货方式，交货期限和地点也要双方协商，达成一致，然后才能签订购货合同。

据有经验的零售商介绍，一项严谨的商品采购合同应包括以下内容：货物的品名、品质规格；货物数量；货物包装；货物的检验验收；货物的价格，包括单价、总价；货物的装卸、运输及保险；贷款的收付；争议的预防及处理。

签订购货合同，意味着双方形成交易的法律关系，应承担各自的责任义务。供货商按照合同规定按时交货，采购方则按时支付货款。

应该说，如果按照以上九步走，便利店的商品采购将不会成问题。采购也是你开店的一项重要技巧。

二、商品采购的基本方法

无论你开的是大便利店还是小便利店，商品采购的基本方法都是我们应该掌握的。根据不同的划分标准，商品采购的方法可分为不同的种类。

1. 按采购进行的方式分类

（1）直接采购

直接向厂家进行采购，这是加盟便利店形成一定规模时的主要采购方式。它可免去中间商的加价，也可以免去中途掉包影响品质的顾虑。供应商通常有生产日程，交货日期比较确实；为维护产品信誉，售后服务也比较好。不过通常制造商只接受为数可观的大订单，直接采购者数量有限就无法进行；且由于直接采购的量值很大，有时制造商会要求预付订金或担保人担保等手续，交易过程复杂。

（2）间接采购

即便利店通过中间商采购商品，譬如批发商、代理商等。一般的便利店根本无法直接向厂家购入，因为便利店毕竟实力有限。便利店间接采购有时也是必需的，因为许多中小制造商大多会选择一个总代理商销售其产品，而许多国外产品进入他国市场也大多靠代理商进行推销。间接采购的优、缺点基本上与直接采购相反，因此比较适合于中小制造商的零星交易。

（3）委托采购

便利店委托中间商进行采购，如委托代理商采购等。

（4）联合采购

它一般是指中小便利店为了取得规模采购的优势，而进行的一种合作采购方法。联合采购数量庞大，价格特别优惠；各便利店也因为与同业联合采购，有助于平时交换情报，提高采购绩效。不过联合采购由于参与的厂商太多，作业手续复杂，对于数量分配及到货时间，通常会引起许多争端。总之，联合采购买方势单力薄，数量都比较小，因此唯有"积少成多"，才能引发供应商报价的兴趣，增加买方谈判的筹码。

2. 按与供应商交易的方式分类

（1）购销方式

购销方式又称"经销"或"买断"方式。即在电脑系统中记录详细的供应商及商品信息，在结账时，在双方认可的购销合同上规定的账期（付款天数）到期后最近的一个"付款日"，准时按当初双方进货时所认可的商品进价及收货数量付款给供应商。基本上便利店的畅销商品均以购销方式进货，换货、退货是不存在的。

（2）代销方式

绝大多数的便利店会以代销方式进货。即电脑系统中记录详细的供应商及商品信息，在每月的付款日准时按"当期"的销售数量及当初双方进货时所认可的商品进价付款给供应商。

（3）联营方式

有少部分商品（如服装、鞋帽、散装糖果、炒货等），便利店会以联营的方式，即电脑系统中记录详细的供应商信息，但不记录商品详细的进货信息。在结账时，便利店财务部在每月的付款日（或在双方认可的购销合同上规定的付款日）在"当期"商品销售总金额上扣除当初双方认可的"提成比例"金额后，准时付款给供应商，此时联营商品的"换退货"及"库存清点"的差异都是由供应商来承担的。不过这种方式只适合大型的便利店，中小便利店根本不需要这个采购方式。

3. 按采购订约方式分类

（1）订约采购

买卖双方根据订立合约的方式进行的采购行为。

（2）口头电话采购

买卖双方不经过订约方式，而是以口头或电话洽谈方式进行的采购行为。

（3）书信电报采购

买卖双方借书信或电报的往返而进行的采购行为。

（4）试探性订单采购

便利店在进行采购事项时因某项原因不敢大量下订单，先以试探方式下少量订单，销售顺利时才大量下订单。

三、便利店商品采购的原则

便利店在有限的卖场中，往往须陈列 2000～3000 项商品，方可满足顾客需求，若以"麻雀虽小，五脏俱全"来形容便利店，可谓十分贴切。要想把自己的便利店做大，相应的商品采购是非常关键的。大众化的便利店在采购时要时刻合乎消费者的口味。要做到这一点，就要遵循以下几个采购原则。

1. 合乎经营业态特性的原则

对消费者而言，便利店最大的特色是"便利"，从顾客在消费时、使用时、携带时的便利等各方面着眼，方可塑造与其他业态商品结构的差异性。

2. 合乎商品组合的原则

由于经营策略的差异、诉求重点的不一以及商圈客户的区别，致使独立店和连锁店在商品的分类与组合上有所不同。譬如有些店贩卖生鲜，有些则不卖；有些店提供服务性商品，有些店则不提供。各种因素所产生的差异性，均会导致商品组合的不同，进而影响商品的采购作业。

3. 合乎高回转率的原则

由于便利店的卖场小，无法陈列太多品项，因此在有限的陈列空间内，唯有高回转率的畅销品才能增加效益，压低库存量。因此，采购人员应根据商圈客户属性、市场商品情报、市场占有率等，来筛选最合适的商品，在卖场中陈列销售，以提高商品回转次数。此外，为增加商品回转及品项，相同或类似的功能、口味、规格商品通常只陈列 1～2 种，以避免重复。

4. 合乎毛利率目标的原则

为达成营运绩效，通常各部门陈列商品皆会依业界行情设定预期之毛利率目标，而采购者即应依此作为商品采购议价的标准，以符合整体毛利率目标的达成。在迷你超市向便利店转型期间，便利店所售价格敏感产品要采用特价促销策略，与商圈内超市、杂货店、小卖部进行竞争，就会牺牲这类商品的毛利率。

5. 合乎安全卫生的原则

近年偶有不合格商品（如蜜饯、矿泉水等）于便利店中销售，如此极易造成消费者食用不适及企业形象受损之后遗症。故供货厂商之筛选务必严谨，除备齐公司营业执照及食品卫生检验证明等合格文件外，尚应检查其商品标示项目（品名，含量，原料名称，食品添加剂名称，制造厂商名称、地址，进口厂商名称、地址，制造日期等）的完整性，以确保采购商品之安全卫生。

6. 合乎进、退货规定的原则

近年来，由于便利店连锁体系越来越多，为增加配送效率及门市处理效率，一般采用配送中心或中央仓库直接以多样、少量、多次配送的方式，故采购时，应衡量供货厂商在配送作业的频率、最低订购量等配合状况，以合乎门市的订货及进货需求。此外，便利商店属商品更换率高的零售业态，因此销售不佳的商品需迅速自门市中汰换，并要求厂商处理退货。故采购商品时，应要求厂商配合办理，否则可依罚则处理。

7. 合乎非营业收益的原则

便利店由于房租高涨、人事费用逐年递增等经营成本沉重的影响，各连锁体系莫不以开发非营业收益为主要来源途径。在采购商品时，亦应掌握这一原则，与厂商于供货合约中载明销售折扣、商品陈列费等协议事项，以创造更大的采购效益。

8. 追求差异化的原则

近来便利店在大城市急速成长，各式新的业态不断兴起，业者均可感受到竞争日益增强及客源被瓜分的压力。值此之际，商品如何表现差异性，提供顾客更大的满足感，以形成经营优势，已是商品采购的重要课题。

在采购时，除了必要的畅销品外，更应掌握市场态势及顾客需求，以开发引进差异化商品。目前各连锁店努力发展的服务性商品（如邮票、影印、代洗照片）、熟食、快餐等商品，均可说是竞争下所呈现出的差异化产物，不但可满足顾客需求，提升形象，更可增加营业绩效。

四、规避采购风险有高招

在采购工作中，我们不能忽略采购风险的存在，可能出现的意外情况包括人为风险、经济风险和自然风险。具体来说，有采购预测不准导致物料难以满足生产要求或超出预算、供应商群体产能下降导致供应不及时、货物不符合订单要求、呆滞物料增加、采购人员工作失误或和供应商之间存在不诚实甚至违法行为等。这些情况都会影响采购预期目标的实现。所以，我们必须对采购风险形成一个足够系统的认识，这样才能科学地预测和防范风险。

1. 规避采购风险的手段

采购风险是可以通过一定的手段和有效措施来加以防范和规避的。规避风险主要的手段有做好年度采购预算及策略规划；慎重选择供应商，重视供应商的筛选和评级；严格审查订货合同，尽量完善合同条款；拓宽信息渠道，保持信息流畅顺；完善风险控制体系，充分运用供应链管理优化供应和需求；加强过程跟踪和控制，发现问题及时采取处理措施，以减低采购风险。

有专家特别指出，充分利用专业化的信息网站，有助于采购人员更方便、更准确地获取信息，为评判供应商和产品提供依据。同时我们对重要的供应商可派遣专职驻厂员，或经常对供应商进行质量检查。采购应减少对个别供应商大户的过分依赖，可采用备选方案及备选供应商，以分散采购风险。

2. 降低采购风险的关键

便利店要降低质量、交期、价格、售后服务、财务等方面的采购风险，最关键的是与供应商建立并保持良好的合作关系。

（1）在对供应商的初步考察阶段，应对供应商的品牌、信誉、规模、销售业绩、研发等进行详细的调查，有可能派人到对方公司进行现场了解，以做出整体评估。必要时需成立一个由采购、质管、技术部门组成的供应商评选小组，对供应商的质量水平、交货能力、价格水平、技术能力、服务等进行评选。在初步判断有必要进行开发后，建议将自己公司的情况告知供应商。

（2）在产品认证及商务阶段，对所需的产品质量、产量、用户的情况、价格、付款期、售后服务等进行逐一测试或交流。

（3）在小批量认证阶段，对供应商的产品进行小批量的生产、交期方面的论证。

（4）在大批量采购阶段，根据合作情况，逐步加大采购的力度。

（5）对供应商进行年度评价，对合作很好的供应商，邀请他们到公司交流明年的工作计划。

五、物流和库存管理

便利店普遍店铺面积都很小，货物的储备一般很少，对于有些卖得较慢的商品来说，没有太大影响；可是对于畅销品，如果不能及时补充，则会降低日销售量，使顾客转投他家。所以，做到井井有条的库存管理，提高物流效率，使店铺商品远离缺货尴尬，优化配送，每日盘点库存，势在必行。

1. 好物流造就特色服务

鲜食是全家便利店在上海推出的一项特色服务。全家便利店在日本就有"家庭冰箱"的美誉，在其总销售额中，约有 3/4 来自食品，其中一半是快餐食物、家常小菜和新鲜糕点，包括盒饭、饭团、三明治等。良友金伴营销部企划经理王振兵说，论鲜食在店内所占比例，全家是上海 8 个品牌便利店中最高的。在鲜食之外，全家还打入了早餐、午餐市场，而为了吸引女性顾客，全家根据女士饮食健康低脂的要求，打出海苔饭、凉面和色拉招牌。

鲜食主要来自两个供应商：一个是香港兴总食品企业投资于上海的公司，专司生产肉松、关东煮和便当系列，全家所售的各类饭团、寿司基本由这家企业生产；另一个是顶鸿食品有限公司，顶鸿的母公司为顶新集团，该公司不仅为全家提供各种盒饭，也为全家提供日本口味的面包。

在鲜食的投入上，全家采用的原则是"适当的报废是对销售的一种投入"，以减少因为买不到货品带来的客户流失。全家认为鲜食的合理报废率通常在 10％～15％，低于这个比例，说明损失了销售机会，高于这个比例，说明店长没有控制好采购量。叶楠负责着一家全家便利店，他通常通过前几周周一中午的盒饭销售数据，来分析下一个周一的盒饭采购量。支持他分析的是一套"销售点即时销售系统"，可以收集所有店铺的销售数据，即时反映库存并分析该店的商品信息。全家为保证盒饭、炖杂烩、寿司等快餐食品的新鲜，一天中会分几次进货。总公司在接到各店铺订单后，从原料进货、生产、配送到贩卖，时间被压缩得相当紧凑。

店长借此可以随时掌握即时的销售状况，随时调整进货数量和时间，不会因为库存量过高或不足，造成机会损失。同时，总公司可收集必要的销售情报，进行更深入的销售分析，为消费者提供更精确的产品和服务。为了让消费者得到质量最佳的鲜食与低温食品，并保证厂商的商品处于最佳食用状态，全家甚至在2006年5月投资近一亿元，建立了上海便利系统唯一的低温物流硬件——顶通低温物流。

全家的物流中心可让销售期短的商品于营业高峰时间前配送到店，使消费者能够及时买到最新鲜的商品，以吸引更多消费者到店购物。正是这种对产品和服务孜孜以求的经营理念，才会拥有卓越的口碑，才会拥有消费者的拥趸。

高效的物流配送系统，有利于企业降低成本，整合内外部资源，提高物流效率，是便利店生存和发展的基础。便利店的物流系统直接关系到其运作效率，其中温控商品的配送与管理又是关键中的重点，这也是经营能力的核心标志。便利店的物流系统应该分常温、冷藏、粮油制品、直送四个分系统。需要注意的是，我国大多数便利店公司的门店数量较少，如果独立建立物流配送系统并不经济，因此他们可以采取和其他零售业态共享物流配送服务的办法或者利用第三方物流来实现对商品的配送，以节省物流配送成本。国内企业在进行网点体系扩张的同时，必须重点发展现代物流技术，建设符合企业经营实际，同时又具有扩展性的物流配送体系，通过快捷、及时、高效的物流运行，塑造企业的核心竞争力。

2. 共同配送好处大

日本7-Eleven公司成立之初，是由供应商直接往店铺配送，每天每家店铺要面对70多台次的送货车辆，对于100多平方米的店铺来说是非常困难的，甚至影响到店铺正常营业。而便利店为了满足顾客多样化需求以及对商品保鲜期的需要，必须要有少量多次的物流配送保障。在此情况下，日本7-Eleven公司对物流不断作出改革，按商品、温度管理的需要，逐步推进以共同配送为目标物流配送方式的变革，每天到店车次由起初的70多次逐步减少到10次左右，而且实现了冷藏商品每日配送3次的配送要求。实现物流低成本高配送效率，不仅降低了企业的物流成本，对社会环境等方面也做出了积极的贡献。

那么，什么是共同配送呢？共同配送就是改变以往供应商直接往店铺送货的配送方式，由供应商先将货物送到店铺指定的配送中心，再由指定的配送中心于适当时间往店铺配送。它以计划订货和计算机系统支持为基础。

7-Eleven便利店主要销售食品和日杂商品，根据商品品质对温度的不同要求，公司建立了3个配送中心，即冷冻配送中心、冷藏配送中心和常温商品配送中心。将不同温度的商品分组管理，不仅有利于物流效率的提高，也可以满足顾客对商品新鲜度和高质量的要求。

常温商品和冷冻商品运作方式大体相同，在配送中心都设有库存商品，由配送中心代为管理，配送中心对供应商的库存商品负有管理责任。在店铺订货后，订货信息直接由配送中心打印出配送单据和送货单据，配送中心根据配送单据配送好商品后，携带送货单据将商品按要求送到店铺。店铺验收完货物后，在配送单据上签字并盖章。此票据根据需要配送中心、供应商、店铺和总部各留一联，以作为记账凭证。

冷藏供应商运作方式有所不同，为保证商品新鲜度，配送中心没有库存，也不打印传票。店铺在订货后，供应商接收到信息，并打印送货单据，根据此订货信息供应商（厂家）安排生产，并于当晚将货物与送货单据送到配送中心，配送中心再按店铺分装好货物送到店铺。店铺验收完货物后，在配送单据上签字并盖章。此票据根据需要配送中心、供应商、店铺和总部各留一联，以作为记账凭证。

配送中心将不同的供应商的商品集中到一起再配送到店铺，配送中心在服务好供应商后，每月按配送商品金额收取相应的物流费。当然，不同温度商品收取的物流费率也不一样。7-Eleven公司物流系统与沃尔玛等大超市物流系统在商品温度管理方面大同小异，不同的是沃尔玛是自建配送中心，而7-Eleven公司配送工作委托给了第三方物流。

当然，要实现共同配送，是要有以下措施为支撑前提的：区域集中开店政策、计划订货和计划配送制度、建立强大的综合信息系统。

实施共同配送好处是全方位的。从社会方面说，实施共同配送可大大减少配送车辆，节约燃油，减轻交通负担，保护环境，推动绿色物流向前发展，产生良好社会效益。从店铺方面来说，实施共同配送可保证商品的新鲜度，减少来店车次，增加服务时间，减少库存储量，增加商品品种，减少商品因过期而产生浪费的现象，降低了物流成本。对供应商来说，共同配送系统的使用，可使其及时根据店铺订货情况来组织生产，使原材料库存降至最低；同时，随着配送店铺的不断增加，其物流成本越来越低。

计划订货和计划配送制度其根本是以客户需求为中心，以销定进，减少不必要的浪费而且也确保商品的新鲜度。该制度是根据商品的诸多特性，如商品销售高峰期、商品鲜度管理方法、销售量等将商品分组，事先制定好订货的日期、频率和配送的日期、频率，店铺根据以上频率结合店铺销售情况订货。

强大的综合信息系统为 7-Eleven 公司各部门有效沟通和紧密配合提供了强有力的保障。为准确、迅速地掌握客户需求，为客户提供优质服务，7-Eleven 公司不惜投巨资构筑生产—物流—销售综合性网络，使厂家、供应商、物流、店铺、总部各部门等各环节在商品信息上实现共享，形成有效信息互动链。该系统功能反映在物流上，使计划订货和计划配送成为可能。

3. 优化配送，提高效率

便利店店面很小，商品容量小，很难一次性存储大量商品，因此需要多次少量地配送。而送货车到达的时候，很多时间花费在验货上，结果影响客人的进出，而且在门店再次点货、验货无疑对配送中心及门店都是一个不小的成本负担。如何提高配送效率呢？

配送中心可以在出货装车以前进行验货，门店只收货，如有必要就在门店设台工作站，用扫描枪将每种商品都抽一扫过，就可点货进店了。如此就可大大提高配送的效率。而这种方式的关键是要在门店和配送中心之间形成一种信誉体系。信誉体系的形成，需要配送中心加强送货准确性，采用笼车方式，每个店的商品放一个笼箱中，到店后司机放下给单就走。这就需要配送中心提高服务的质量。否则，配送中心难免成为门店的责骂对象，信誉体系也很难建立。

优化配送模式必须达到"最少环节、最短路径、最低费用、最佳收益"，要有快速的市场反应，追求最小变异，合理降低库存，物流观念既要减少复杂性、节约成本，还要提高收入和利润，要充分考虑不同区域便利店需求的差异性，通过提供合理的物流服务方案达到共赢的目的，最大限度地降低商品购进价格和配送成本。

各便利店选择最佳配送管理模式，要思考以下几个问题：

（1）合理经营区间：采购什么样的商品，既能给企业带来利润，又能满足消费者需要？

（2）供应商最优化：向哪些供应商采购商品，既有质量保证又有最大利润空间？

（3）如何做到商品适时适量供应，达到最优库存量？

（4）如何确定运输方式和运输路线的最优决策方案？

（5）由谁来统一指挥、统一调度，才能达到最合适的配送模式、最好的服务水平和最低的经营成本？

选择最佳配送模式是实现降本增效的有效途径，它对降低成本、优化结构、整合内部资源、降低运输费用、促进非油业务的发展具有重要意义。提高配送效率采用信誉验货，但必须注意以下几个要点：

①物流部门要积极地发挥作用，协调好物流中心、营运部、防损部的关系，特别是门店与物流公司的互信关系。

②要求门店在到货后限时间上报，要求物流公司在接到上报后，限时调整。

③对于虚假上报，无论门店还是物流公司人员都必须受到严惩。

④送到门店的商品必须包装完好，周转箱必须密封良好，门店只验总箱数，但在物流中心拣货要加强准确性。

4. 定时盘点库存

定时盘点库存，对便利店至关重要，因为只有盘点库存才能了解货物的销售情况，以及是否有偷盗、损耗发生，并对未来的商品配送需求有大致的估计。

但在盘点库存时要注意的是，有的商品电脑库存很高，但实际排面已经缺货。所以主管每天巡视排面时要随时对排面不丰满商品做记录，并及时和订货员沟通。管理人员在安排订货的同时要对这些虚库存进行盘点，做库存调整，确保实际库存与电脑库存一致。

订货员订货时要看商品进销存单和在单量以及原来订单是否过期，有的商品显示有在单量，但订单已经是多年前的了，要对过期订单及时进行删除，并对已经有有效订单的商品进行催货，避免重复订货。

订货时还要检查库存过高商品，订货员要主动与主管沟通，盘点核对滞销商品的库存，提醒管理人员及时处理高库存商品。

每期促销快结束时，要提前两三天控制订货，考虑退货。很多商品做促销的时候价格很低，而且都放在黄金位置，所以销量火爆。但是一般促销结束价格回升，并且撤离到普通货架，几乎没什么销量。所以促销快结束前要严格控制订货，不然很容易造成库存积压。对于那些做了促销但不好卖的商品，可与采购联系继续低价促销或者和厂家联系退货。

根据季节控制季节性商品，或者和厂家保持联系，如果厂家因为生产计划过高库存积压，而且厂家也愿意甩卖处理的，可以双方协商在季节交替的时候搞大型促销。

门店管理人员每天还要对商品报表进行清理，对零库存商品、长期无销售商品进行查询，上报采购。采购要及时与该商品供应商联系，把可以删除的商品名单从系统中删除掉，这样更有利于门店人员进行管理工作。

便利店商品品种较多，容易出现负库存和虚库存。所以管理人员每天都要对部分商品进行不断的盘点，并随时做库存调整。如果验货、收银流程严格规范的话，出现负库存肯定存在有问题，进行库存调整时要查明原因，但是为了确保商品电脑库存和实际库存一致，必须做库存调整。

如果库存混乱，所有报表都没有意义，订货就没有依据。盘点不仅是对前段时间的工作考核，也是规范商品库存，为以后工作的开展铺平道路。

任务二　物流管理

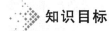 **知识目标**

掌握便利店经营中的物流管理。

知识要点

物流的英语字面意思是"后勤"的意思，在"二战"后应用于企业管理。美国物流管理协会对物流管理作了一个精要的概括：物流，即以最高效率和最大成本效益，满足顾客需要为目的，从商品的生产地点到消费地点，对包括原材料、在制品、最终产品及相关信息的流动与储存，进行设计、实施和控制过程。简单地说，物流就是指商品（或物料）在空间上和时间上的位移。现代物流已被广泛认为是企业在降低物资消耗、提高劳动生产率之外创造利润的第三重要源泉，被称为"未被开垦的黑土地"。

目前国内企业对物流的认识尚处初期阶段，因此，在原材料采购、产成品销售中利用物流服务的情况很少。但随着近几年我国零售商业的发展，商业连锁店大批涌现，为这些连锁店提供商品配送的服务开始出现，并逐步走向成熟，成为我国目前利用物流服务较成功的领域。顾客导向是企业参与市场竞争的指导思想，物流的本质在于创造价值，而物流系统的输出正是为顾客服务，越来越多的企业将物流管理视为提高盈利能力和竞争力的关键所在。以最低的物流成本，提供最好的服务，为顾客创造最大的价值，是企业赢得竞争的主要途径。

一、物流系统

物流系统是由物流作业系统和支持物流系统的信息流动系统（即物流信息系统）两个系统组成。一般认为有运输、仓储、装卸搬运、包装、流通加工和物流信息等内容。连锁经营的物流系统是指由总部的采购部门和配送中心作为主体所承担的商品的购进、储存、加工、配送活动以及伴随这些活动所产生的信息的收集、整理、传递和利用过程。

完整而健全的连锁物流系统包括以下五个方面：

（1）物流基础设施系统，包括物资流通基础设施（如仓库、装卸机器、运载机具等）和信息流通基础设施（如电脑、收银机等），这些是物流系统的物质技术基础，属硬技术系统。

（2）物流作业方式系统，是物流的软技术系统，包括作业流程、作业规范及其他管理制度，是物流系统的管理技术基础。

（3）物流作业执行系统，是物流基本职能的执行过程，主要有采购、储存、加工、配送和信息处理五个方面职能的执行。这一系统职能是为商流系统服务的，而其他系统又是为这一系统服务的。

（4）物流情报流通系统，包括信息传递、储存、整理、分析和使用，依靠信息流通基础设施实现其职能，促进物流合理化和效率化。

（5）物流职能附加系统，随着现代物流系统的多功能化和专业化，一些商流职能，如订货处理、商品需求预测、库存控制等职能都转移到物流系统内进行，成为物流系统的附加职能。

物流系统在连锁经营中起到商品的集散作用，主要有集中采购、集中存储和统一配送三大作用。

1. 集中采购

在连锁经营中，除特殊情况外，各分店所需要的商品均集中进行采购。集中采购能够使企业降低采购成本，增强对供应商的吸引力，减少流转环节，稳定供货渠道，从而在与同行业的激烈竞争中保持一定的价格优势，降低了资金占有率，同时也节省了仓储面积。

2. 集中存储

存储是物流系统的主要职能之一。连锁经营中将供货集中起来，尽可能增加销售门店的营业面积，大大减少各分店单独储存需要。此外，集中储存通过储、销的职能分工及专业化管理，可以减少库存总面积，提高库存周转率，从而降低库存成本。

3. 统一配送

集中采购与集中存储都属于商品"集中"的物流过程，"散"则由配送职能来完成。配送的质量好坏直接反映了物流系统的服务水平。统一配送相对于各自提货来讲，可以更好地解决效率问题，从而使物流系统更加趋于完善。

二、物流配送

便利连锁店必须设立在人们平时活动地点的附近，而且商品必须包罗万象，一应俱全，有足够的库存供应随时所需，但由于成本问题，其库存能力一般较小。而从经济的角度，由各供应商直接送货，很可能出现缺货的情况。并且因为便利连锁店员工较少，接货疲于应付将会直接影响商店服务质量。所以，便利连锁店的联合物流配送便由需而产生了。

从物流来讲，配送几乎包括了所有的物流功能要素，是物流的一个缩影或在某小范围中物流全部活动的体现。所谓配送就是将各门店所需商品在规定日期，安全、准确地送达的活动。配送的根本任务是将商品从发货地根据需求以准确的数量和品种、完好的状态、准确的时间交送到准确的地点，以最低成本达到最佳服务的效果为根本目的。

配送中心是物流配送的依托形式。配送中心是从供应者手中接受多种大量的货物，进行包装、分类、保管、流通加工和信息处理等作业，然后按照众多需要者的订货要求备齐货物，以令人满意的服务水平进行配送的设施。

根据配送中心的经营状况，配送中心按照经营主体、选址、所有者、服务对象等不同可以划分为多种类型。从"经营主体"的角度来划分，主要有厂商主导型、批发商主导型、零售商主导型及共同配送，也可分为社会化的配送中心和本企业的配送中心。

配送中心是流通领域的一个重要部分，是实现商品流通化的重要手段。随着市场经济的发展，连锁经营的普及，配送中心的作用越来越明显。

1. 配送中心成为连锁经营的供货枢纽

建设配送中心的目的是把运输、保管、装卸、包装、流通加工、配送、信息处理等物流功能和订货开单等商流功能有机地结合起来，形成多功能的配货枢纽。具体做法：

（1）强化配送中心的储运功能，有效地调节商品的生产与消费、进货与销售之间的时间差和量差。

（2）合理、经济地组织商品运输。

（3）根据门店的不同需求，按照销售批量的大小，直接进行集配分货、开箱拆零、拆包分装。

（4）建立有效的信息处理系统。

2. 配送中心是连锁经营发展的关键

（1）配送中心有力支持了市场销售体系

由于配送中心是各连锁店经营的后方基地，加之配送可以按门店的要求配送商品，在品种和量上灵活调节，门店的设置也可以在更广的范围内进行，从而便于门店销售系统的完善。

（2）配送中心实现了物流系统化和连锁门店规模经营的有机结合

配送、仓储活动由配送中心统计表运作，节省了各门店相关人员，同时因物流活动集中，也实现了物流系统化；另外，门店因无需配备仓库等设施，有效扩大门店的营业面积；因统一大批量进货和多品种集中配送，降低了各门店的进货成本，有利于低成本规模经营。

（3）配送中心完善了连锁经营体系

1）加速商品流转、减少商品损耗、降低流通费用。

2）提高整个连锁经营体系的库存周转率。

3）改善各连锁店的存货水平，实现了各门店无库存经营和无后方仓库。

4）提高经营灵活性和工作效率。

5）加强连锁店与供货方的关系。

三、进货与库存管理

商店运营中，进货与库存管理直接影响商店的经营决策。订货、进货太多，会增加库存，冻结商店的流动资金，反之，又容易造成缺货，错失销售良机，降低便利商店的盈利。要使进货与存货作业不断完善和效率化，需要采取制度化、科学化、现代化的管理方式。进货管理包括订货、进货、验收、退换货等作业管理。

1．订货管理

订货是商店营运的根本，直接影响店铺的营业额和利润，是商店运作中最基本也是最重要的一项作业。而订货计划的准确与否，直接影响到商店库存管理和资金运用，是订货管理的重中之重。

根据"二八原则"，便利商店店铺陈列商品品项平均在 2000～3000 种，而其中约有 700 种商品的销售额占商店营业额的 70％以上。所以在制定商品进货计划时，应着重考虑周转快和毛利率高的商品，另外还要考虑商品的保存期限。在实际运作中，应根据商品类别、时效性、周转率等因素制定订货频率，并加以分类。例如，每周 1 次的，如杂志、书刊；每周 2 次的，如零食类及非食品类；每周 3 次的，如冷冻食品、加工食品。

便利商店如果订货计划制定不周全，会导致以下情况发生：

（1）商店存货过多

滞销品存货过多带来的影响包括商品鲜度和品质的下降，导致店主为了商品周转，而采取削价销售或报废的方式处理，增加损失；而商品库存过多，将增加商店的管理难度，从而造成盘亏增加；库存积压将导致利息负担增加。

（2）商品种类减少

商店由于滞销品的增加，从而影响新商品的引进工作。便利商店的门店面积有限，如果销售不佳的商品经常占据货架，将导致新商品失去陈列的机会，错失创造利润的良机，商店的灵活性也受到严重影响。

（3）作业时间的浪费

滞销品的增加，会增加订货时所需的库存确认和商品补充等作业时间，有时还会造成重复订货、后进先出的现象发生，从而降低商店作业效率。

门店订货时要注意适时与适量，但在每天营业销售时不可能随时订货，一般总部会对各个门店规定每天的订货时间，如 A 店订货时间为上午 8 时至 8 时 15 分，逾期则作为次日订货。此外，各类别商品的订货周期、最小订货量等也都必须有事前计划。这样，一方面可提高工作效率，另一方面又可确保货源供应正常。

随着零售业的日益竞争，如何加快订货流程，减少缺货率、降低库存量已成为经营中的重要课题，所以选择好的订货方式，是关键所在。订货方式可采用人工、电话、传真、电子订货系统等多种形式，目前国内的连锁公司一般采取门店订货人员跑单、传真或电子信箱等方式将订货信息传递给总部，然后由总部通知配送中心向门店配送商品。随着零售业电脑自动化进程的发展，EOS 订货系统已成为发展的趋势。EOS 订货系统是以掌上型终端机扫描或录入货号、数量，再使用数据机传送到总部或厂商，由总部来配送商品或由厂商直接配送，总部统一结算。

2．验收管理

商品验收是按照供货商的发货单及相关凭证，对所购进的商品进行数量、质量、包装等方面的检查验收。商品验收是加强商品管理的重要环节，可以防止、减少和消除差错事故的发生。

验收作业是零售企业加强进货业务，保证商品质量，提高商品销售，满足消费者需求的重要环节，必须认真控制商品质量，数量及包装的验收，达到提高商店经营效益的目的。

（1）商品验收内容

商品验收时，主要依据供货商的发货单和进货发票，两个凭证缺一不可。进行验收时，需要做好对单验收、数量验收、数量准确、质量符合要求、包装完好无损。有时，便利商店还可根据与供货商之间的协议，对一些特殊商品进行抽样验收或封样验收方法，来确保商品达到质量标准。

（2）商品验收程序

1）商品核对验收：即进行货单核对验收、数量核对验收、质量检查验收、包装检查验收。

2）填写商品验收单：商品验收无误后，按收货单上的项目逐项填写商品验收单（表 3-1）。验收单的主要内容应包括计量单位、数量、购进价、零售价、差价等五个部分。企业可根据自己的实际情况进行增减。商品验收单一般一式三联，一联留作记账凭证，一联与进货发票并送会计入账，一联交统计登记。

3）登记商品进销存手册：商品验收填单之后，还需及时填写商品进销存手册，即各商品部根据商品经销情况，如实记录在手册中，以备核查。及时处理验收中的问题：如果验收中发现有数量不符、货单不符、质量不符合标准以及包装损坏影响商品销售等问题，要及时登记到"商品验收损益单"，该单一般包括商品名称、规格、单位、原购数量、实收数量、损益项目及金额等内容。所有这些项目都必须仔细记载，以便及时处理。

（3）商品验收注意事项

表 3-1　商品验收单

___年___月___日　　　　　　　　　　　　　　　　　　No. _____

产地	货号	名称	规格	单位	数量	单价	金额	单位	数量	单价	金额	差价金额	备注

1）明确质量标准：对于新开发的商品，或者商店新经营的品种，在订货的时候就按照货物样品，明确质量标准，并将样品封存，作为商品验收时的依据。

2）逐层验收：从商品转运到商店开始，直到商品上架销售，每个流转环节都要随着商品管理权的转移，进行逐层验收，以明确责任。

3）随时验收：商品转运到达商店时，就要组织有关人员，及时、准确地进行验收，即做到随时进货随时验收。验收完毕，填好验收单等应填单据，以备核查。

4）及时处理问题：验收商品时，如果发生商品质量不符合标准，或者与供货商协商退货，或者换货，或者按质论价，降价接收；如果商品数量不足，通知供货商及时补足，或扣除差货款额；对于危害消费利益的假冒伪劣商品，坚决清退，撤出货架。

（4）退货处理

退货主要是因为商品品质不良、瑕疵品，订、送错货，人员疏忽，产品为过期品、滞销品等。在处理退货时，如因验收完成后的问题或员工疏忽而造成的，由店主自行负责；如若品质不良或是验收前的问题，则由厂商全权负责。但目前市面上只要发生退货，原则上由厂商负责。

在办理退货作业时，店内应注意以下几点：厂商确认，先查明退货商品所属厂商和送货单位；填写退货申请表，注明其品名、数量及退货原因；易变质腐烂商品等待退货时，应妥善保存；迅速交代店员联络厂商办理退货事宜，以免门店蒙受损失；退货时应确认扣款方式和折让时间。

顾客退货率高，会影响商店信誉。减少退货现象的发生，重要的原则是认真做好订货验收工作和质量控制，以免造成日后办理退货的困扰和损失。

3. 库存管理

库存是所有便利商店营运的根本，商品库存量的多少直接关系到商品的周转率、新鲜度及流动资金的周转。对于便利商店来说，究竟应该储存多少货物，才能达到既保证经营中不缺货，又减少不必要的库存以节省周转资金，是一个非常重要的问题。

目前由于我国商品配送能力有限，门店实施无仓库经营较困难，许多门店一般在设置内仓时将货架加高，将上层作为储存空间，保持一定的商品储备，以保证门店正常销售。

（1）库存量

只有适当的库存量才能发挥正常的营运效果。库存量如果太少，可能丧失销售机会，若库存太多，则会造成库存管理的困难和资金的浪费。所以订立适当的最佳库存量是库存管理的重要工作之一。

一般而言，估计最佳库存量，有两种较常用公式：

公式1：基准库存法

月最佳库存量＝月营业预算＋年营业预算/商品周转率－年营业预算/12

公式2：百分率变异法

$$月最佳库存量＝年营业预算/商品周转率\times\frac{1}{2}$$

$$\times（1＋特定月营业预算＋\frac{年预算营业预算}{12}）$$

通常，基准库存法适用于年间商品周转率在6次以下的商品。而百分率变异法则适用于所有商品。

（2）存货管理的优越性

零售企业的存货管理如果科学合理，就会带来极大的效益，这主要体现在：

1）促使商品销售平衡。

2）使企业可以将资金和注意力集中在流转最快、利润最大的商品项目上。

3）可以测定各种商品的存货周期，减少不必要的资金占压。

4）有助于企业研究商品行销策略。

（3）存货控管

这是对库存商品进行数量控制、管理，做到对库存商品心中有数，以确定是否进货、何时进货，而且可以检查商品是否有人为损失和被盗丢失等情况。

进行存货控管一般有两种方法：追踪存货，可以对仓库现有存货进行实地盘点；或将订货单与出售记账单进行加减，即永续盘存，以检查存货数额。一般将两种方法结合使用，即保持永续盘存记录的同时，每隔一段时间（半年或一年）进行一次实地盘点。

存货估价是将所有已销售商品逐一核算，得出总数进行登记；再用进货减去已销售商品数，按市价来估算存货的价值。

（4）存货周转次数

所谓存货周转次数，是指平均存货与销售净额之间的关系。

销售净额/平均存货（零售价）＝存货周转次数

提高存货周转次数，可以利用以下五种方式：

1）利用季节性促销，以减少商品存货。

2）对门店职员加以培训商品知识、服务质量、加强其销售技巧。

3）在销售淡旺季时，慎重选择商品，并及时进货。

4）利用价格策略，适时降价促销。

5）在不缺货的条件下，减少其库存量，以提高存货比例。

（5）存销比例

所谓存销比例，就是指存货与销货之间的关系。以月初或月底所盘点的存货除以该月份的销货净额，即为存货比例。

存销比例＝月初或月末存货（零售价计算）×100％/该月销货净额

任务三　盘点管理

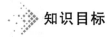 知识目标

掌握便利店经营中的盘点管理。

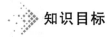 知识要点

盘点是门市店彻底清点库存商品数量，并与进货单据和销售收入相对照，得出一个时间段内商店经营状况相对精确数值的过程。通过盘点作业，可以使衡量连锁企业的经营成果有了可靠的依据，是店铺运营中不可缺少的作业。

一、盘点概念及方法

1．盘点目的

门店盘点目的主要有两个：掌握损溢和控制存货。

（1）掌握损溢

便利商店通过盘点作业，计算出门店的"成本率"和"毛利率"，才能真实地把握经营绩效，并尽早采取防漏措施。

（2）控制存货

存货的多少，直接影响到商品的周转率以及资金的周转速度。经营者通过盘点与账面上的存货相比较，可以确实掌握该店实际存货以外，还能凭借盘盈（亏）情况了解日常经营状况，从而指导日常经营业务。

2．即时盘点

便利商店业态的立足点就在于在任何时刻、任何状况，都能满足消费者的"即刻需求"。所以便利商店不能因为内部管理的需要，而影响正常的门店营业。也不能因为进行盘点作业而要求一定要"停止营业"。"月末盘点""即时盘点"是便利商店区别于其他零售业态的作业特性。只要作业制度完善，便利商店盘点的进行可以在"营业中盘点"，并且任何时候都可以进行。而便利商店的盘点时间也没有任何硬性规定，而是依据店内实际营业状况决定。

随着科学技术的日益进步，便利商店可以利用现代化技术手段来辅助盘点作业，如利用掌上型终端机可一次完成订货与盘点作业，也可利用收银机和扫描器来完成盘点作业。

3．售价盘点

便利商店的商品一定涉及"成本价"和"零售价"两种价格。虽然商家能清楚了解每笔进货中的商品项目和数量，但由于无法确切了解所销售的商品项目和数量，所以无法全面做到单品管理。因此便利商店以商品的零售价作为盘点的基础，库存商品按照零售价金额控制，通过盘点确定一定时期内的商品溢损和零售差错。

4．盘点组织编制

连锁便利店一般是由总部所设的盘点小组负责各便利门店的盘点工作。盘点小组一般分为填表者、盘点者、核对者、抽查员。在编组时，要衡量工作的分量，尽量让每一组的盘存数量相当，也就是工作尽量安排平均，这样才可以控制盘点存货时间。而单体店盘点时职责划分通常没有连锁店清楚明确，主要考虑权责明确，由店内职员直接进行盘点。在便利商店业发达的日本，出现了专门的盘点公司来代办便利商店的盘点工作。

二、盘点作业流程

1. 建立盘点制度

盘点制度内容一般包括：盘点的方法（如是实盘还是账盘）；盘点的周期（1个月或1季度盘点一次）；账务的处理规定；盘点出现差异的处理方法及改进对策；对盘点结果的奖罚规定。

2. 落实盘点组织

盘点作业人员组织由各门店负责落实，总部人员在各门店进行盘点时分头下去指导和监督盘点。一般来说，盘点作业是门市店人员投入最多的作业，所以要求全员参加盘点。

3. 盘点前准备

对于需停业进行盘点的需要贴出安民告示，告知顾客，以免顾客在盘点时前来购物而徒劳往返（最好在盘点前3日贴出），还要告知厂商，以免厂商直送的商品在盘点时送货，造成不便。除了这两项门店盘点作业的准备，还包括商品整理和单据整理。

4. 盘点作业

（1）盘点作业的初点和复点

初次盘点由责任人进行，对初点的结果要进行复点。复点要互换责任人，复点后将结果用红笔记录在盘点单上。

（2）盘点作业检查

对盘点结果，门店店长要认真加以检查，检查的重点是。

1）每一类商品是否都已记录到盘点单上，并已盘点出数量和金额。

2）对单价高或数量多的商品，需要将数量再复查一次，做到确实无差错。

3）复查劣质商品和破损商品的处理情况。

（3）盘点记录后的善后工作

在确认盘点记录无异常情况后，就要进行第二天正常营业的准备和清扫工作。这项善后工作的内容包括补充商品，将陈列的样品恢复到原来的状态，清扫通道上纸屑、垃圾等。善后工作的目的是要达到整个门店第二天能正常营业的效果。至此盘点作业的物理工作就结束了。

5．盘点作业的账册工作

物理的盘点作业结束后，就要进行盘点作业的账册工作。盘点账册的工作就是将盘点单的原价栏上记录的各商品原价和数量相乘，合计出商品的盘点金额。这项工作进行时，要重新复查一下数量栏，审核一下有无单位上的计量差错，对出现的一些不正常数字要进行确认，订正一些字面上明显看出的差错。将每一张盘点单上的金额相加，就结出了合计的金额。连锁门店要将盘点结果送总部财务部，财务部将所有盘点数据复审之后就可以得出该门店的营业成绩，结算出毛利和净利，这是盘点作业的最后结果。

一般情况下，便利商店的盘损率应控制在 1% 以下，如超过 1%，说明盘点作业结果存在异常情况，要么盘点不实，要么企业经营管理状况不佳。商店采取的相应对策是：重新盘点或改善经营管理。

三、盘点前日常工作

盘点作业的重点在于账面资料的建立，也是便利商店的难点。商店任意一笔单据的疏忽或误算都会影响盘点结果，所以在进行盘点作业之前，首先要了解相关概念和单据。

1．日常概念

（1）零售价：商品销售的价格，便利商店的盘点都是以零售价来管理。

（2）成本价：店铺向厂商进货的价格，通常所指的成本价，其中不含营业税。

（3）退货：可退回厂商作为货款扣抵或货款减少的商品。

（4）价格变动：同一商品如果进货成本相同，但由于销售时机不同或经加工，会产生不同的零售价格，必须变更零售价。例如香烟的零卖和整卖。

（5）报废：商品由于过期或破损而无法出售并且不能退回厂商的，作报废处理。

(6) 自用商品：从店里取用的可供销售的商品称为自用商品。为了便于管理，自用商品作为销售行为处理，将商店统一编号打入收银机，该张发票可同时抵扣商店费用。

2. 相关单据

(1) 送货传票：进货厂商在送货时都会随货附上送货传票，格式由各厂商设计，一般含有店铺名称、送货日期、商品品名、数量和价格等信息。送货传票需由店主签收作为日后付款的凭证，通常一联店铺保存，另一联厂商留底。

(2) 进货签收单：此单据是盘点作业中重要的表单之一，表单主要登录商品成本价和零售价信息，一式两联，由店长（店员）填好，分别交店长和门店会计保存（表3-2）。

表3-2 进（退）货签收单

单据号码：_____ 进货日期：_____年____月____日 厂商名称：_____

货号	品名	进货单价	进货数量	进货总额	零售单价	零售总额	备注

进项税：_____

总　　额：_____　　　零售额：_____

验收：_____

(3) 退货签收单：格式与进货签收单格式相同，一般是依据颜色加以区别，以便于管理。退货的发生作为进货的减项，所以盘点时其成本和零售价要同时扣除。

(4) 价格变动表：简称变价表（表3-3），该表是用来对商品价格变动情况进行详实记录。店员需将商品在变动前后的零售价格和差异，依次填入此单，并经店长认可核对，以免出现舞弊现象。

表 3-3　价格变动表

店名：_____ 　　　　　　　　　　　　　　　　　　　月份：_____

日期	品名	变价原因	原单价	现单价	差额	数量	变价额小计	变价人	复核人
变价金额总额									

　　　　　　　　　　　　　　　　　　　　　　　　　　　　　　页码：_____

（5）报废明细表：报废的商品只需登录零售价格，并且作为进货的减项。本表每笔报废发生后，需由店长审核核对（表 3-4）。

表 3-4　报废明细表

店名：_____ 　　　　　　　　　　　　　　　　　　　月份：_____

日期	品名	报废原因	数量	零售价	小计	报废申请人	店长审核	备注
报废金额总额								

　　　　　　　　　　　　　　　　　　　　　　　　　　　　　　页码：_____

（6）验收单：为防止厂商与职员之间有不良行为发生，付款程序必须明确化。本单据贴在收据或发票的收执联旁，会计在所有验收程序完成后，才进行付款（表 3-5）。

表 3 - 5　付款验收单

负责人		付款原则
财务主管		□已付款 □暂付款□未付款
店长		领款签收
经手人		实付金额

（7）A 账：是指盘点时已经进货完成，而且发票凭证和签收单据也齐备的，但未送达会计的单据。该表进货签收单需要加盖"A 账"之章，以免下次盘点重复记账。

（8）B 账：是指盘点时商品虽已进货，但发票凭证不齐全的，此时要先填进货签收单，要加盖"B 账"印章，表示此笔金额已列入本期盘点，盘点后补齐发票凭证时以免重复记账。

四、盘点计算与分析

1. 盘点计算方式

（1）账面存货盘点

账面存货盘点是指根据店铺的数据资料来计算出商品存货价值。账面存货的计算一般比较烦琐，但却是盘点作业中最重要的工作之一。

门店会计将盘点期间的进货签收单的成本价与零售价分别累计加总；退货签收单的成本价与零售价分别累计加总；价格变动表、报废明细表的零售价分别累计加总；以及 A 账与 B 账的成本价和零售价分别累计加总。

将以上数据代入公式，并对于不同的名词，给予不同的代号，以方便给出公式和解释。

账面金额 E＝上期库存零售额 A′＋本期进货零售额 B－

本期销售金额 C＋本期调整变价金额 D

由于每次盘点都有一部分商品是上期的存货，所以在计算本期盘点时，要考虑上次的存货。但上一期盘点后也会出现盘盈（亏）现象，因此，在账面上要调整成与实际库存相符的情况。

上期库存零售额 A′＝上期实际盘点金额－上期未调整的盘盈亏数 K′

本期进货零售额 B＝本期进货零售额－上期 A、B 账的零售额＋本期 A、B 账的零售额

本期销售金额 C＝上次盘点日至本次盘点前一日之间的销售金额，为本期调整变价金额 D（综合变价、报废、退费及赠送的金额）

＝变价调高价－变价调低价－报废金额－退货金额－赠送金额

（2）实际存货盘点

实际存货盘点是指针对店铺未销售的库存商品，进行实地的清点统计。

清点时自行记录商品零售价格。因为便利商店一般是在营业中进行盘点作业，所以盘点进行中所发生的销售收入的 1/2 作为存货处理。实际存货的计算方法如下：

实际盘点金额（A）＝盘点前收银机当日的营业额（Y）＋盘点计算的存货金额（P）＋盘点中的营业额的 1/2（Z/2）。

（3）盘盈亏的计算

盘点最终目的是了解商店的盘盈亏数，从而计算出合理的商品成本率，编制正确的损益表。所以，盘点作业部分仅仅是清点店内库存商品，需要得出相互比较的数字资料后，再进一步分析工作。

理论上，商店的账面价值金额应该与实际盘点金额相等。但是一般商店都存在盘盈亏的现象。

盘盈亏数（K）＝实际盘点金额（A）－账面金额（E）。

如果 K 为正数，为盘盈；K 为负数，为盘亏。

（4）成本率和毛利率的计算方法

成本率可分为盘点成本率和实际成本率两种，一般盘点成本率为粗略计算，作为计算损益的参考数据。而实际成本率是财务计算损益的依据，需要精确

数据。

本期盘点成本率 Q＝（上期进货零售额 A'×上期盘点成本率 Q'＋本期进货成本额 b）÷（上期进货零售额 A'＋本期进货零售额 B＋本期调整变价零售额 D）×100％

实际成本率 M＝Q×本期销售收入 C÷本期实际营业额 S

本期销售收入 C＝本期应税销售收入＋本期免税销售收入

本期实际营业额 S＝本期应税营业额÷1.05＋本期免税销售收入

从上面的计算公式可以看出：盘点成本率要低于实际成本率，因为前者将税收计算入内，而后者则扣除了税额。

计算出成本率后，就可以计算本期实际毛利率 H，H＝1－M。

商品周转率是用销售收入 C 除以实际盘点金额计算得出的。一般来说，便利商店 1 个月内的商品周转率要达到 3 以上，如果小于 2 的，商家应该调整商品结构，或检查盘点数据。

表 3-6 和表 3-7 依次是损益成本计算、盘盈亏计算表。

表 3-6　损益成本计算

计算项目	计算
本期实际成本率 M M＝Q×C/S C 本期销售收入 S 本期实际营业额 ＝（本期应税营业额÷1.05）＋本期免税销售收入 Q 本期盘点成本率	M＝ C＝ S＝ 应税 免税 Q＝
本期实际毛利率 H H＝1－M	H＝
本期实际毛利润 H h＝H×S	h＝

表 3-7　盘盈亏计算表

店名：_____　　　_____年___月___日　　　盘点时间___时___分

计算项目	计算	备注
实际盘点金额 A $\qquad$A＝Y＋P＋Z/2 Y：盘点前收银机当日销售收入 P：盘点机所计算的零售金额 Z/2：盘点中的销售收入	A＝_____ Y＝_____ P＝_____ Z/2＝_____	
账面应有金额 E $\qquad$E＝A′＋B－C＋D 上期库存零售额 A′ A′＝①－② ①上期实际盘点金额 ②上期未调整的盘盈亏 B 本期进货零售额＝③＋④ ③本期未盖 A 账、B 账章的进货零售额 ④本期加盖 A 账、B 账章的进货零售额 C：本期销售收入（含税） 上次盘点日至本次盘点前一日 D：本期调整变价金额＝⑥－⑦－⑧－⑨ ⑥本期变价的零售额 ⑦本期退货的零售额 ⑧本期报废的零售额 ⑨本期赠送的零售额	E＝_____ A′＝_____ ①＝_____ ②＝_____ B＝_____ ③＝_____ ④＝_____ C＝_____ D＝_____ ⑥＝_____ ⑦＝_____ ⑧＝_____ ⑨＝_____	
盘盈亏 K＝A－E 盘点成本率 Q＝（A′×Q′＋b）／（A′＋B＋D）×100％ A′：上期库存零售额 Q′：上期盘点成本率 b：本期进货成本额（不含税） B：本期进货零售额 D：本期调整变价零售额	K＝_____ O′＝_____ b＝_____	

2．盘点分析和处理

（1）盘点难点

1）库存量的盘点

　　盘点时数量、单价统计错误，是盘点作业中的一项困扰。可以用价格标签、货架卡来取代店员对商品价格的记忆，用带有纸卷的计算机或扫描器来取代计算机或以笔计算的盘点方式。盘点过的货架需要予以注明,以免出现重盘或漏盘,这些都是减少盘点错误发生的方法。

2)零售价的计算

商品种类繁多、进货次数频繁,而且供货厂商所提供的表单格式大小不一,管理上已属不易,为了做好盘点作业,需要将逐笔的进货金额,先换算成零售金额,期间计算、填写、累计的作业亦容易出错,对于店中所可能发生的状况也需要详细记录,凡此种种,对刚执行盘点作业的店家,常感到负担沉重,而中途放弃;或是到执行盘点时,才追溯记录,匆促行事,甚而延误盘点时效。

商店营运时确有许多状况发生,但如能按部就班,逐日确实填写,特殊商品零售额的计算并非难事。

(2)盘点分析

1)盘亏现象

便利商店经营难免会发生盘亏的状况,只要控制在合理的限额内,一般可以接受。盘亏发生的原因一般有以下原因:

①账目处理错误:出现账面金额的零售价多算、销售收入少算或变价金额多算的情况。

②商品盘点错误:实际盘点时,库存商品量少算。

③发生偷窃现象。

2)盘盈现象

一般来说,商店不会发生盘盈现象,如果出现盘盈现象则可能出现以下情况:

①账目处理错误:出现账面金额的零售价少算、销售收入多算、变价金额少算和积压凭证减少进货金额的情况。

②商品盘点错误:实际盘点时,库存商品量少算。

3)其他出错情况

①成本计算中不应含税。

②盘点中的营业额没有扣除。

③盘点当日营业额未计。

④特殊商品处理不当。

⑤退货商品没有扣除成本。

⑥销售收入和营业额混淆。

任务四　损耗管理

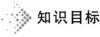 **知识目标**

掌握便利店经营中的损耗管理。

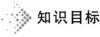 **知识要点**

便利商店在经营中由于计量错误、检验疏忽、管理不善、自然损耗、核算错误以及贪污、偷窃等情况而发生商品或财产的损失现象称之为损耗。损耗管理简单地讲，就是对已报损商品或财产进行登记，并列出损耗原因，定期对操作情况进行分析，找出损耗的根源所在，制定出相应的措施，杜绝损耗或最低限度地减少发生损耗事故。

损耗控制涉及商店管理的许多方面，需要保安、防损、储运和各有关管理部门共同协作。因此，全面、准确地理解损耗在商店经营中的含义，有助于我们放宽思路，归纳分析经营中产生损耗的条件和原因，从整个管理体系上入手，寻找改进管理的办法。

一、损耗管理意义

企业经营以效益为主，经营管理的成效，就在于是否能够获得足够的利润，用来维持企业的生存和发展，并且满足经营者所追求的利润目标。而要获取更大的利润，损耗管理控制是一个不可忽视的方面。要想在竞争中取得优势，一个不可忽视的管理要点，就是想方设法减少商店营运过程中的商品损耗。认真做好损耗管理，将可获得以下好处。

1. 降低企业成本

商品损耗对于便利商店而言，就是商品成本的增加，利润的减少。一般来说，商品的减少、腐烂、破损等大多是由于商品管理不当或处理方法错误，以及加上员工、批发商、顾客的私心，如果能加以管理，无形中就能降低企业的运营成本。

2. 增加营业额

商品损耗额的降低，可以使营业额相应有所增长，所以要增加营业额，应注重对商品损耗进行管理控制。

3. 提高净利润

便利商店在追求营业额的同时，还要确保实际利益，提高销售净利润。在经营中一味地追求高销售额，而忽略店内的控制管理，反而会增加经营成本。

4. 降低损耗额

商店通过控制盘点分析报表，精确地实施盘点制度，才能找出商店损耗的原因，从而对症下药，降低损耗额。

总而言之，如果店内能做好内部控制，减少商店无谓的损失，必能使门店获利能力相对提高。因此，良好的损耗管理制度，对店内异常现象的发现、防止和处理都能收到事半功倍的效果。

处在零售行业市场竞争白热化的今天，便利商店营运日益艰难，减少商店损失，就等于多赚取利润，并且前者所需花费的心力要小于后者许多，便利商店经营者应当多花力气，做好损耗管理。

二、损耗原因及对策

在分析损耗原因之前，我们首先要了解两个相关概念，"损耗"与"损失"。"损失"不同于"损耗"。损失，可以分为两种，一是实质损失，包括降价损失、废弃损失、偷窃损失、储运损耗等；二是机会损失，是指因缺货而丧失销售机会而带来的无形损失。损耗通常仅指实物的损失，相当于实质损失中的废弃损失、偷窃损失和储运损耗。损失的范围更大，还包括降价损失和机会损失。实质损失与机会损失之间存在此消彼长的替代关系：实质损失减少，机会损失就会增加；机会损失减少，实质损失就会增加。因此，一般我们不能笼统地将"损耗"等同于"损失"，但在本书内，两个概念不予区别。

便利商店一般采用开架式自助销售，在货架上陈列各式各样的商品提供给消费者选择购买，所以在商品的管理上，常常由于商店管理不完善，导致商品纷乱、无序以及破损、弄脏、偷窃损耗、不明损耗、废弃损耗或降价损耗等现象发生，而造成企业利润流失。要有效地防止和减少损耗，必须了解商店损耗发生的原因和采取相应的防损措施。下面就具体介绍一下便利商店损耗产生的主要原因和相应的防损措施，以供参考。

1. 商品管理过程中的损耗

商品管理疏忽的损耗，主要是因为商品的保管和陈列方法不当、商品标价错误、商品鲜度管理等原因造成的损耗。

（1）商品陈列

在店面陈列过程中，由于商品陈列的方法不当会引起商品损耗。例如，商品摆放的位置不佳引起倒塌，或容易被过往顾客的碰撞而引起的损坏等。

在商品陈列过程中应注意以下几点：货架上要标有货架号码和商品名称卡，以便做好商品管理；商品一般不堆积在地上；商品货架摆放应标准，商品不可堆积过高。

（2）商品标价

商品标价的错误，会导致商品高价低卖或销售不出的现象时有发生，这些都会造成商店的损耗发生。标价错误，一般是由于商品标价混乱造成的。有以下情况：

1）条码标价的价格与电脑不一致。

①标签价格标错。

②电脑建档价格错误。

③促销结束后没有更正标签价格，或电脑中促销价没恢复原价。

2）标价人员故意将高价的商品，使用低价的商品代号或以低价标示。

3）Price Card 价格与标价不一致。

4）POP 标示与商品标签价格不一致。采取的应对措施：

①商品不得随意标价，标签字迹应清楚。

②收银员在顾客结账时，要一边念出价格，一边注意显示屏幕的数字是否一致，若不一致，一定要停止其他作业，登记该项商品的代号、品名和价格。

③将价格差异表，呈交负责人员，进行核对，查明原因后进行更正。

④商品标签价格错标时，应将原标签撕去，再贴上正确标签。

⑤如果购物人员为本公司现场工作人员时，应当场通报店长，追究责任。

⑥每天检查卖场 POP 的价格与标价是否一致，不一致时，要立即更正。

⑦特卖后要将商品标签价格更改回原价。

（3）商品鲜度管理

消费者对商品的鲜度要求越来越高，日期较久的商品难以卖出，所以要认真做好商品日期管理和坏品管理。商品鲜度不高的发生原因主要是由于店内库存期间太长或进货时本身就是旧商品。

便利商店应定期对商品保质期进行检查，发现日期接近有效期限3/4时，可相应采取以下措施：配合畅销品组成特价品出售；进行特价销售或搭配销售。

便利商店进行鲜度管理特别要注重生鲜商品和鲜度要求高的商品，注意以下事项：

1）超过安全日期的商品。

2）与竞争店相比，日期长的商品。

3）进货时，商品上的日期前后颠倒的商品。

2．商店运营过程中的损耗

（1）验收作业

商品在商店的物流过程一般可分为进货→验收→保管→标价→陈列→销售（→退回）这六个环节。如果店员在验收作业中，出现商品品名、数量、总量、价格、有效期限、质量、包装规格等项目与订货单不符；发票金额同验收单金额不符；货物未验收或未入库等现象，都可能造成商店损耗。商品验收作业的好坏，直接影响到商店损耗管理的成效。在验收作业中应该注意以下几点：

1）在核对送货单据和商品时，应认真核查以下项目：检查商品名称和规格、大小是否相符；检查商品数量；对于外表有破损或污垢的商品，要打开检查；检查商品上的生产日期和进货日期；对于破损的商品，要在送货员在场时，确认破损的数目。

2）问题商品一律拒收

对于商品有效期限已逾1/3以上的，给予拒收；对于品名、数量、价格、标签、重量不符者一律拒收。

商店对问题商品的具体处理方式一般是：验收商品不同或数量过多时，要当场点清，退还给送货员；当商品数量不够时，要在货品不足的账目里予以记录，并由送货人员和验收人员同时签章和签名给予确认；日后补送不足的商品时，要加以确认；商品有破损时，按照破损数量，全部退货。

3）特殊商品的验收

一些由厂商直接送货的商品，一般不用传票，而是附上送货单。验收人员必须仔细检查上面登载的品名、数量有无差错，并先将送货单保管起来，待进货传票送至时进行对照，然后在验收栏上签收。

（2）收银作业

收银作业造成损耗主要是发生在人工登打作业上。一般来说，商品价格设定在电脑内，收银员无法更改售价，但是如果不使用扫描方式，而采取人工输入方式，就可能出现弊端。另外，如果收银人员可以任意使用收银机删除键，也可能出现问题。

便利商店（特别是连锁商店）一般都采用 POS 管理，除特殊情况外，应严禁收银人员采用人工输入方式结账，否则要详加追查。而收银员采用人工输入方式，应严格按照公司规则的作业方式进行操作。特殊情况有：条码标识错误、未贴条码、扫描仪器无法显示或 NON−PLU 商品等。

（3）盘点作业

商店盘点目的之一就是掌握门店经营的损益情况，盘点错误引起损耗的原因一般有两种情况。

1）盘点商品货架记录不实

盘点时，盘点人员为图方便，将同价格但不同内容的商品品项，填写在同一货号内，造成某一类商品库存虚增，另一类商品库存虚减的情形，从而导致账目不正确，影响利润的计算。

2）存货盘点出现漏盘错盘

①盘点人员不尽责，对数量较多的商品以估算的方式计算造成误差。部门间相互产品陈列，未列入盘点。

②端架上吊挂的商品漏盘。

③货架旁临时商品陈列区出现重盘或漏盘。

④商品已到，但进货单没有随货入账记入存货。

⑤营业中实施存货盘点，有些已计入存货的商品，恰好被卖出。

采取的应对措施：

①盘点作业一定要按照步骤严格实施。

②盘点时，要根据盘点作业规定，经盘点后商品以纸条将数量写上，贴放在商品旁，以便主管抽验，亦可确认盘点正确与否。

③营业中盘点时，需先将销售情况记下，等盘点结束时，再核对。

④部门主管要随时抽查盘点情形。

（4）员工日常作业

员工日常作业上的疏忽也是造成损耗的原因之一，例如：

1）商品价格出现标示错误（高价低标）。商品一经销售，就会造成商店损失。

2）班次分析表没有详细记录或记录不正确，失去参考价值。

3）商品有效期限未予检查。

4）对于提高售价的商品，没有立即给予调整。

5）现金管理不当。

6）账目查核表错误。

7）仓库和店门未锁，遭受偷窃。采取的应对措施：

①定期检查商品价格的标示有无错误或漏标现象。

②员工应认真详细填写班次分析表，以考核员工的工作情况，如发生异常，应给予警告。

③定期检查货架上的商品的有效期限，做好先进先出的商品管理；仓库中的库存品也应进行定期检查，因为一般便利商店的门市较小，仓库存储面积有限，除畅销品以外，其他商品不要有太多库存或最好无库存。

④对于提高售价的商品，应该立即给予更换标签。更换时，要注意需先将旧标签撕下，才能贴上新标签。

⑤员工应认真填写账目查核表，表中应有应收账款、现金支付表、价格变动和损坏报告等项目，以供参考。

⑥对现金的管理，应有详细的支付明细。

⑦定期检查仓库、门锁以及防盗设施。

（5）会计处理

伪造文书，伪造印章，伪造客户退货和折让，涂改存款条日期，挪用公款，涂改或销毁现金销售券，伪造单据报账，涂改存货记录进行偷窃，伪造订货单将货物运走，涂改报账单据，伪造签字取得空白支票，挪用公款和小额现金，如零用金等。将退货或折让金额私吞，不将收取的现金按日存入银行或部分存入银行，多用零用金传票金额，并申请补发，将个人费用收据报账，扣押公司或厂商的支票，账目舞弊，少列现金账金额，多列费用账金额，开出非正式收据给客户，侵占货款，与供货厂商合谋提高发票金额，用公司订单购买私人物品，过账时故意造成混淆，将总账上虚列的贷方余额冲转现金，提供客户或供应商特殊条件或价格，收取回扣等现象的发生都会造成损耗。

采取的应对措施：

①商品、自用品、设备的采购由专责的采购部门负责。

②采购单核准后，才能订货。

③购进商品由专责的验收部门负责验收。

④会计部门收到验收单位的单据后，应立即制作传票，计入应付账款及明细账。

⑤公司订立统一付款条件，严格控制付款天数。

⑥适时抽查账簿。

三、损耗种类

零售业经常会面临各种损耗的困扰。部分损耗是由于商品管理失误、商品质量问题、顾客退货或存货有误等造成的，但是大多数损耗发生的原因，要归咎于偷窃，特别是商店内贼常常使零售业主防不胜防。

1．内部损耗

员工偷窃，是便利商店在经营中经常受到的困扰，所遭受的损失也最大的。以美国为例，每年全美企业组织有关员工偷窃的损失，高达 4000 万美元，比顾客顺手牵羊的情况高出 5～6 倍。所以便利商店对于员工偷窃行为的防范和制止是实施损耗管理的重要手段。

（1）员工出现异常现象

员工出现异常现象，就有可能是商店损耗发生的警讯。通常员工异常现象的警讯有下列几种：员工没有辞职就无故离开；员工怀疑他人不诚实时；员工的工作态度的变化；店内发现空的商品包装盒；员工抱怨收银机的操作有误；在收银机上，或其他高处的设备和商品处发现现金；在收银机中放置过多的零钱；烟酒销售情况反常。

如果以上现象发生时，商店管理者应给予足够重视，提高警觉防患于未然，通常所采取的防止对策如下：

1）员工没有辞职就无故离开，应采取的措施有：

①更换所有的锁具，并清点所有的钥匙。

②借助班次分析表检查各班别的销售额，随时了解营业状况，以防弊端发生。

③检查现金。

④检查烟、酒的销售额。

⑤检查香烟盒的存量和其他高价商品项目。

2）员工怀疑他人不诚实时，应采取的措施有：

①找出所有的原因、细节，并认真分析问题所在。

②利用班次分析表检查各班别的销售额。

③员工调离轮班。

④检查员工对厂商政策的执行力度。

⑤检查是否充分使用了反消费者偷窃行为的过程。

⑥监视被怀疑偷窃率较高的商品。

⑦找出和所有其他员工不同的工作程序，并追查其异常的原因。

3）员工的工作态度改变，不如以往时，所采取的防止对策有：

①立刻询问员工，是否工作上有不如意、或家中有事、或情感困扰，这样即可增进员工间的情感，又可使员工自我警惕，防止越轨事件发生。

②检查班次分析表。

③改变员工轮班制度。

4）店内发现空的商品包装盒，所采取的防止措施有检查员工购物制度和手续是否完备。检查防偷盗程序是否充分运用。

5）员工抱怨收银机的操作有误，所采取的防止措施有找出所有的有关细节，并撰写操作不当报告。请专业人员加以检修，以使收银设备正常运作。通过轮班制度来检查各班别的销售情况。改变员工轮班时间。

6）若在收银机上，或其他高处的设备（货架、冷藏冷冻库等）和商品处发现现金，应相应采取的对策有：

①检查班次分析表。

②检查现金账目。

③员工调离轮班。

④立刻询问该现金的由来。

7）在收银机中放置过多的零钱时，应采取的防止对策如下：

①立刻询问员工，请其解释原因，并暗示该员工，管理者已注意他的工作情形。

②查看现金投库的手续是否完备，是否有漏投、少投的情况。

8）若反常的烟酒销售情况时，所采取的防止措施有：

①检查烟酒订货簿。

②记录每日烟酒的销售量。

（2）员工的偷盗行为和原因：员工误入歧途的行为，通常会令经营者十分困扰，其行为一般有以下几种：

1）现金短溢：发生现金短溢的原因主要有：

①不及时按收银键，并且私自记录金额数字等。

②消费者更换商品时，没有正确办理退换货手续。

③在开放的收银机抽屉中工作，并且伺机把钱从收银机中取走。

④向消费者宣称特价品或折价品的销售已结束，以原价销售。

⑤在退货中私自修改退货发票，而拿走现金。

⑥员工在退货登记簿中，登记不符的数量，造成现金损失。

⑦直接从收银机中取出现金。

⑧少找零钱给顾客或未将顾客所购商品完全装入袋中。

⑨折换（折价）券的错误使用。

商店要充分运用日常管理报表，平时做到检查现金存量差异，遇到异常现象，及时处理。主要检查的现金报表有班次分析表、现金日报表、现金损失报告表、现金入库表、营业状况统计表、换班报告表、营业销售日报表、营业销售月报表（以上报表格式可参考本节附表）等。条件许可的商店可安装店内录影监视设备。

2）商品短少

发生商品短少损耗的原因主要有：

①利用衣物夹带商品，运出店外。

②将低价商品的包装盒放入高价商品购买。

③商品放入空箱或垃圾箱内，在处理空箱和垃圾箱时，取出商品。

④故意将商品破损，如将包装破坏、折损、折角等，使商品无法销售后，再私自取用。

⑤复制商店的钥匙，伺机回店窃取。

如商店内有 POS 系统，可随时查询店内各单品的进货、销货、存货等商品数量，并检查商品订货簿、商品进货统计表、商品进货登记单、商品现金支付表、商品坏品和自用品统计表、商品调货单和商品退货单、盘点统计表等管理报表。

3）员工购物

员工购物的规章制度若不严密，很容易造成损耗，其原因有：

①员工在上下班中购物，或下班后购物，将其他商品放入购物袋中。

②现场人员和收银人员相互勾结，高价低卖、改用人工方式输入收银机或漏登商品。

针对员工购物所产生的损耗，改善的对策有禁止员工在上班时间购物，在上班间歇休息时间购物者，所购商品不得带入商场，而应存放在指定场所，在下班后才能取走；下班后购物者应在打卡后，才能购买，并且由前门进入，不得在现场逗留；若轮值晚班，可在下班前利用休息时间购买，但所购商品必须存放指定场所。

4）员工监守自盗

员工监守自盗，通常是防不胜防，其表现如下：

①收银员将自己的朋友或亲属所购买的商品，漏登或私自低价销售。更换价格，员工将自己所要购买的商品，先用低价标签贴上，再结账。

②收银员相互串通，以低价登入收银机。

③员工相互串通，在补货时，留下若干商品不上架，由下班人员带走。

④员工先将商品带到休息室，然后将商品放入包装袋中带出。

⑤利用空纸箱或垃圾箱将商品夹带出去，再伺机取出。

⑥偷偷食用店内商品。

采取的应对措施：

①员工监守自盗必须订立处罚办法，并予以公布，严格执行。

②店长或经营者应随时注意各位下班人员所携带的物品，查对发票金额。

③严禁预留商品。

5）员工出入管理

员工利用进出店面的时候，带走商品，例如，员工不按规定的出入口进出；利用下班或外出时，夹带商品；下班或轮休期间，进入工作场所。

员工进出管理防止损耗发生的对策如下：严格要求员工上下班时，从规定的出入口出入；员工离开商店时，一律要自动打开所携带出的商品，由值班人员检查；若有购物者，应主动出示收银凭据。

6）店面开关门时

每日早晨开门或夜间关门时，人员稀少，是偷窃良机；尤其是连锁经营的便利商店，24 小时营业，深夜顾客稀少，更容易造成损耗。

采取的应对措施：

①值班人员应认真做好开门、关门工作。

②仓库门应随时锁上，并且登录出、入的时间和次数。

③通知保安公司，设定时间启动夜间保安措施，以确保安全。

7）夜间作业：清洁店内或维修设备、装修时，应注意防止商品的丢失。

采取的应对措施：

①夜间打烊后，要在店内从事各种工作（如清洁、打蜡等），应事先报请店长批准。

②夜间进行上述工作时，应由店长指定相关人员负责。

③非业务相关人员应离开店内。

④店长或经营者应随时突击检查。

员工偷窃现象占商店失窃的 70％～80％ 比例，必须要引起经营管理者的高度重视，在平时就应做好防患于未然的思想准备，商店管理应做到：

①健全管理制度，加强安全监督检查，不给少数不良员工可乘之机。

②招聘员工应严格审查，检查员工出示的各种证件是否真实，要建立担保制度。

③在员工的培训与平时的管理过程中应加强员工的法制教育。

④经常检查一些重点部门的安全制度是否严格遵守执行。

2. 供货厂商做手脚或勾结员工

（1）供货商与员工勾结的表现。

1）发票上有涂改的痕迹。

2）想要用交换商品来代替有争议的账目。

3）在未点收之前，带进新商品。

4）快速地点收自己送来的商品，并且留下发票。

5）用先前的商品项目代替后面的商品项目。

6）在离去时，没将空箱拆开。

7）在点收前，未带商品到指定的货架区域。

8）在进入店内时，没让店职员知道。

9）在进货登记簿上，没有填正确的进出时间。

10）给员工和店长样品，以施小惠。

11）企图恐吓检查其出入的员工。

12）员工是否经常接受其样品。

13）员工是否允许进货员将样品放在他的车上。

14) 员工私自向厂商订货。

15) 员工是否对他的工作不快或对公司不满。

16) 员工是否有不寻常或严重的财务压力。

（2）采取的应对措施

1) 设立厂商进货登记表，厂商应填好进货时的进出资料。

2) 严格执行在规定的时间内进货，不允许在营业高峰时间进货。

3) 一次只让一位厂商进入店内。

4) 在指定的区域内检查进货商品。

5) 所有的进货商品都要计算。

6) 在厂商离去时也要加以检查。

7) 有封签的箱子也要给予检查。

8) 签收单据之前，要先检查有无变动的商品项目。

9) 分别计算每一个商品单项。

10) 让所有的货品从前门进入。

11) 在签收单据后，不要将原始发票还给厂商，以避免涂改。

12) 不可让厂商单独补货。

13) 在厂商离开店时，将空箱拆平。

14) 签收单据应有店内的戳记章和店内员工的签名。

15) 检查签收单。

16) 不可让厂商在店内逗留和徘徊。

17) 不许员工接受样品。

18) 让供货厂商遵守适当的进货程序，否则拒绝与其往来。

3. 顾客偷窃

（1）顾客偷窃的表现

顾客偷窃的损耗，约占损耗发生原因的 7％，其情况有：

1) 顾客带包（袋）入内购物，将商品私自装入包（袋）中，不予结账。

2) 顾客携带该店包装袋入内购物，将商品私自装入袋中，不予结账。

3) 顾客将商品放入口袋中，或以大衣遮掩。

4) 顾客在场内直接食用，不予结账。

5) 顾客将价格标签掉换，把高价商品贴上低价标签。

6) 数人一起入内购物，由其他人掩护偷窃商品。

（2）采取的应对措施。

1）禁止顾客携带大型背包或手提袋入内购物，请其存放于柜台处。

2）顾客携带小型背包或手提袋入内购物，店员应留意其购买行为。

3）定期对工作人员加强防盗知识培训，增强其防范意识。

4）发现顾客当场食用的，口头委婉提醒，并请其到收银台结账。

5）对于偷盗者，应依法处理。

6）条码纸严禁任意丢弃，并适时在卖场巡视。

7）有团体客人结伴入内时，职员应随时注意，发现异常现象可主动上前服务，降低偷窃概率。

4. 机会损耗

商店收银机上记录的数字只是商店实际销售所得的营业额。此外，还有一部分由于其他原因而流失的营业额，例如，店内出现商品缺货（畅销商品缺货现象在商店经常发生），顾客找不到想买的商品而放弃购买；商品陈列方式、店员接待顾客的方法（服务态度），商店营销技巧等都会影响到商店的实际销售情况。所以，商品缺货损失、服务态度不好、营销技巧拙劣都会产生商店机会损失。

采取的应对措施：

（1）对畅销商品和新上市的商品，应搭配电视或媒体广告；周转率较高的商品，应有库存品，以随时补货。

（2）订立库存量管理制定，以降低缺货率。

（3）加强待客态度，陈列方式，商品备齐和促销活动。

5. 其他损耗

其他损耗项目占商店损耗发生的 2% 左右，主要有外卖、外送的损耗，设备故障的损耗和抢、骗、偷等意外事故的损耗，这里主要介绍前两种情况，后两种将在安全管理一节中予以介绍。

（1）外卖、外送的损耗

1）定期客户

①店内人员没有确认外送商品的品项、价格和数量。

②外卖途中将商品全部或部分取走。

2）临时客户

①没预先付款，就将商品送出。

②没确认商品的品项、价格、数量。

采取的应对措施：

①定期客户的外卖，应依照规定的作业实施。

②临时客户，外卖、外送前一定要先结账。

③外出时，应填写外送单。

（2）设备故障的损耗

设备故障所引起的损耗原因一般有停电、冷藏（冻）柜故障。

1）停电

①冷藏、冷冻商品出现温度骤变而破坏商品鲜度。

②营业时间停电，有些顾客可能混水摸鱼或带物离去。

2）冷藏（冻）柜等机器故障

采取的应对措施：

①事先了解停电情况的，应采取特别措施保持商品的鲜度。

②店内电路故障的应及时请人修理，并定期做好电路检修。

③营业中停电时，营业人员应向顾客致歉，并注意顾客动向。

④冷藏（冻）柜等机器突然停止或出现故障时，首先应确认线路是否正常，并及时联络维修厂商。

 活动实践

沃尔玛的防损无处不在

说到便利店的防损，我们不得不谈一下零售业老大——沃尔玛。沃尔玛是全球最大的零售业公司，是历史上第一个排列榜首的零售商家，其先进的经营理念、科学的管理模式是铸就辉煌的基石。此外，还有一个重要的管理切入点同样引起业内人士的关注，这就是沃尔玛"防损无处不在"的新理念。

1. 防损组织的垂直架构

沃尔玛的防损理念是：以人为本，辅以信息与数据的管理。追溯沃尔玛防损的历史不难看出，防损部从建立的第一天开始就是一个独立的机构，分布在全球的各防损部不隶属于任何部门，而与远在美国的总部时刻保持着垂直联系，以确保其业务的独立性。比如，沃尔玛大中华区的防损总监的职位等同于沃尔玛大中华地区的总裁职位，他直接隶属于亚太区和国际公司防损部总监，从它的组织架

构来说，他就摒除了很多不利因素，不受经营干扰，不受所在地区的行政领导人的干扰，形成一个非常简洁明了、反应迅捷的防损组织架构体系。这种垂直架构最大的优势在于，一旦防损发生了问题，上至总裁、下至员工都要按规定接受防损部的调查，以达到通过防损实现成本控制、人员控制及其他方面的控制，确保团队工作的廉洁性。

2. 先进的防损管理体系

做防损最重要的不是怎么去做这个防损，而是防什么损，这些损在哪里。换句话说，找到损耗才能找到解决这个损耗的方法。沃尔玛在其电脑系统里面做了很多这方面的设置，包括库存的天数、商品周转次数、毛利，以及对营采的各种要求，从而在总部的防损部有一个比较完善的防损界面，它可以给你暗示或者提供需要你进行重点追踪的业务范围。另外，沃尔玛还有比较先进的防损管理体系，其总部防损部总监来自美国联邦调查局，掌握着很多先进仪器和设备的使用方法，从而在这个防损体系管理上，增加了很多比较高科技的手段。

所以，在整个沃尔玛的防损系统中拥有三个特色：其一，简单便捷的利于防损迅速反应的组织架构体系；其二，有利于发现损耗、发现防损切入点的防损系统；其三，较先进的防损设备和防损体系的运用。也正是沃尔玛有效地运用了科学的防损体系，使其真正成为不仅是在零售业的老大，也成为全球500强的榜首企业。

3. 复合型的防损人才

沃尔玛对防损部的工作人员要求高是人尽皆知的，文化程度原则上都要在大学以上。虽然对学历要求较严，但对专业却不加限制，法律、财会、机械等学科均可，这是由于防损部工作人员要深入到各个部门调查，时刻在影响着商家的各个环节，因此，必须是多专业、高素质的复合型人才。

4. 防损部的职能

防损部的工作职责一般包括总部和营运两部分：凡是涉及办公室、配销中心、中央监控及警示系统、采购系统及工程项目等，防损由总部负责；涉及公司的财产保全、员工与顾客的安全、截停小偷及诚实度调查等，防损由营运负责。

5. 构建立体交叉防范体系

采购中拿回扣，商场内外勾结偷窃，高级员工舞弊在沃尔玛也时有发生，但是他们有针对性地建立了防范体系：一是在卖场安装中央监控系统；二是选择电子商务防盗系统来保护商品；三是广泛使用防盗源标签；四是科学合理地进行商品陈列。

6. 保持与供应商良好合作的廉洁关系

在沃尔玛的业务洽谈室内，墙壁上都挂有一块漂亮醒目的警示牌，以防止私下交易。沃尔玛与供应商的合作协议中规定供应商不许请员工吃饭、送礼物、给回扣。如果员工非要与供应商一起用餐，或 AA 制（按人头平均分担账单），或由沃尔玛员工请供应商。

7. 防损从身边小事做起

防损的根本目的在于保证效益，效益的大小与卖场里的食品卫生、现场制作过程的清洁度、熟食制品的出售日期、冷冻肉类食品的解冻条件、生鲜食品的保鲜度等都有直接关系，这些是超市每天都开展的业务，只要发生与商品损失关联的事，防损人员都要介入管理。

项目四　便利店卖场管理

 案例引入

便利店里商品琳琅满目，陈列着上千种不同品牌、不同包装的商品，消费者进入便利店，一分钟内至少要经过一百多种商品。如何让他们停下脚步，对你的商品产生兴趣，进而购买商品，这时商品陈列的效力将面临考验。

有句法国谚语说得好："即使是水果、蔬菜，也要像一幅静物写生画那样艺术地排列。因为商品的美感，能撩起顾客的购买欲望。"

所以，要想开一家赚钱的便利店，就必须重视便利店卖场的管理。

任务一　商品结构设计

知识目标

掌握便利店经营中的商品结构设计。

知识要点

商业活动的基点就是将人类生活上所必需的物品，在必要的时候用最方便的手段提供给需要的人。商品是零售企业经营的物质基础和保证，是获利的主要来源。便利商店作为零售企业的一种形态，想在竞争日趋激烈的市场中脱颖而出，经营什么商品，商品如何定位和组合，如何制定和实施商品的开发策略等问题都构成了便利商店商品经营战略的主要内容。本节简单介绍便利商店商品经营战略的有关知识和经营实务。

一、商品分类

商品是概括一定范围的集体总体，任何集体总体都可按照一定的标志和特征归纳成若干范围较小的单元，直至划分为最小的单元。商品的分类，是指按照一定目的，为满足某种需要选择适当的分类标志和特征，将商品集合总体科学地、系统地逐次划分为不同的大类、中类、小类、品类或品目、品种，乃至规格、品级等细目的过程。

零售商店的商品种类繁多，少则数百种，多则数万种，并且各种商品都有不同的特点和作用。便利商店相对来说营业面积较小、商品种类较少，但也有2000～3000种商品。如何在有限的营业空间（100平方米左右）里通过商品向顾客传递出最具有"销售力量"的信息，是便利商店经营者必须考虑的问题。

商品分类，也可以说是将所有商品来源、生产方式、运输方式、销售方式、处理方式、陈列方式、用途、功能、成分等不同的商品加以分门别类，并赋予一定代号，使其能系统的，有秩序的管理运作。一方面，从经营者的立场出发，商品分类要达到"易于陈列、展示、推广、销售"，"易于管理""易于统计，分析，决策"……的效果；另一方面，站在顾客立场，要为顾客提供"选择购买方便""消费或使用方便"……的效果。

一套有系统的商品分类是商业信息化成功的前提条件。商品科学的分类，有利于商店的采购管理、陈列管理、销售管理以及较好的掌握商店地经营业绩。

1. 商品分类方法

商品分类的方法各种各样，根据不同方法，可以划分出不同的商品类别。从商品营销学的角度看，有意义的分类主要包括以下几种：

（1）按商品之间的销售关系

根据商品之间的销售关系分类，商品可分为独立品、互补品、条件品和替代品四种。

①独立品：指一种商品的销售状况不受其他商品销售变化的影响。

②互补品：指一种商品销售的增加必然会引起另一种商品销售的增加，反之亦然。

③条件品：指一种商品的购买要以另一种商品的前期购买为条件。

④替代品：指一种商品销售的增加会减少另一种商品的潜在销售量，反之亦然。

（2）按商品耐用性和损耗性

根据商品是否耐用和是否有形，商品可分为非耐用品、耐用品和服务。

①非耐用品：指在正常情况下一次或几次使用就被消费掉的有形物品。

②耐用品：指在正常情况下能多次使用的有形物品。

③服务：指提供出售的活动、满意等。服务的特点是无形性（intangibility）和变动性（inconsistency）的。

（3）按消费者的购物习惯

根据消费者的购物习惯，商品（这里主要指消费品）可分为日用品、选购品、特殊品和非需品四类。

①日用品（convenience product）。是指消费者通常购买频繁，希望一有需要即可购买的，并且只花最少精力和最少时间去比较品牌、价格的消费品。肥皂、糖果和报纸就是几例日用品。一般来说：a. 日用品都是非耐用品，而且多为消费者日常生活必需品。b. 消费者在购买前，对日用品的品牌、价格、质量和出售地点等都很熟悉，所以购买大多数日用品时用较少的时间与精力。

②选购品（shopping product）。是指消费者会仔细比较其适用性、质量、价格和式样，购买频率较低的消费品。消费者在购买选购品时，一般会花大量的时间和精力收集信息进行比较。

③特殊品（special product）：是指消费者愿意花特殊的精力去购买的有特殊性质或品牌识别的消费品。例如，特殊品牌和型号的汽车，定制西服等。一般来说，消费者只愿购买特定品牌的某种商品，而不愿购买其他品牌的某种特殊品，这与日用品不同。

④非需品（unsought product）：是指消费者要么不知道，或者知道但是通常并不想购买的消费品，绝大多数新产品都是非需品，直到消费者通过广告认识了它们为止。非需品的性质，决定了企业必须加强广告、直销和其他营销努力，使消费者对这些物品有所了解，产生兴趣，千方百计吸引潜在顾客，扩大销售。

当然，商品分类方法不只上述几种，还有其他一些分类方法。例如，按需求量与收入关系划分，可分为高档品和低档品；根据商品在商店销售中的作用分为主力商品、辅助性商品和关联性商品。

2. 商品分类原则

商品分类中最重要、最关键的问题是确定分类原则。一般来说，无论便利商店的组织或规模如何，商品的分类通常可以分为大、中、小三个层次。将商店的商品，先确定大类属性，再依次细分。

（1）大分类的分类原则

大分类通常按商品的特性来划分，例如水产品是一个大分类，属于这个分类的商品都于水、海、河有关系，保存的方式、加工方式也基本相同，因此可以归为一大类。在一个便利商店中，大分类的数量最好不要超过 10 个，这样比较容易管理（在店内码的编码时，大分类的划分一般只给一位位数）。

（2）中分类的分类原则

中分类的原则可以按照功能、用途来划分，也可按商品的制造方法，或商品的产地等特性来定。

1）按商品的功能、用途划分。如在杂货类这个大分类中，可区分出家庭用品的中分类，使消费者在选购时，只要从家庭用品这个功能、用途来寻找，即可轻易找到。

2）按商品的制造方法划分。有些商品的用途并不完全一样，统一按功能、用途划分有难度，就可按商品的制造方法划分。比如"熟肉制品"，作为中分类，火腿、香肠、腊肉、卤味等就可以归类在这里。

3）按商品的产地来划分。比如可根据商业圈内顾客的喜好，设置了"进口水果"这个中分类，那么所有国外进口的水果干就可都收集在这个中分类中了。

在便利商店中，商品分类可以依次遵循以上原则，即先按商品的功能、用途划分，再按商品的制造方法划分，最后按商品的产地划分来进行分类管理。

（3）小分类的分类原则

小分类的分类原则，按照中分类的分类办法，再进行细分。分类依据可以是：功能用途、规格包装形状、商品成分或商品口味。

上述商品分类原则可作为便利商店商品分类时的参考。做好商店的商品分类，最重要的是根据市场购买需要和商店的实际情况，编制出适合于自身的分类系统。便利商店在编制分类系统时应注意以下几点：以实际情况为前提；从顾客的角度出发，让顾客感到商品齐备和丰富，增加顾客购买的方便性；分类方法简单明了，容易进行视觉的商品管理；分类充分体现出商店的个性特点；分类具备相当的弹性和发展空间等。

我们根据便利商店的经营特点，将所经营的商品分为食品类、杂货类、便利性商品与文化出版物四大类，做一简单介绍。

二、食品类

食品类商品细分方法很多，例如，可简单地划分为食用类和饮用类；也可按照保藏方式，分为低温食品、高温食品和一般性食品；或较详细地划分为农产品类、肉类及其制品、鲜乳及乳制品、水产类、罐头类、饮料类、酒类、调味品、糖果饼干类、保健食品、其他食品。

随着便利商店业态的发展，食品类商品中的冷冻（藏）商品以其方便、快捷、营养、卫生的特点，成为目前便利商店内的必备和主打商品。随着食品工业的发展和消费水平的提高，此类商品也越来越受厂商的推崇和消费者的喜欢，了解冷冻（藏）商品的特性是便利商店在经营中的一个重要的课题。

1．一般特点

（1）卫生安全、品质良好。冷冻冷藏食品一般都储藏在冷冻（藏）柜中，保存条件优良。顾客在有效的安全期限内食用，能够得到很好的卫生和品质保证。

（2）价格稳定。在现有科学条件下，某些农产品通过较好的储藏和加工方式，使消费者能够不受时间和地域的限制，以较便宜的价格买到各种时令食品。比如在冬天能吃到夏天的水果，在国内能买到进口的食品。

（3）食用方便。冷冻（藏）食品一般都具有食用方便的特点。消费者只需要通过简单的烹调作业或直接就可食用。

2．鲜度管理

由于冷冻（藏）食品的特殊性，冷冻冷藏食品的鲜度管理是便利商店管理中一个必须考虑而且非常重要的问题。

（1）做好冷冻、冷藏食品的鲜度管理。应先了解影响低温商品鲜度的因素，具体应注意：

①加工前保证食品原料的鲜度。

②保证制造场所的卫生条件。

③包装所用的材料和包装方法。

④制造日期和有效日期。

⑤完善的低温运送系统。

⑥储存和展示陈列的设备要求。

⑦营运人员的商品处理是否正确。

注：其中①～③是有关便利商店自制冷冻食品的。

（2）鲜度管理重点。下面根据从采购到销售的流程，进行简单说明。

①采购阶段（采购人员应注意的鲜度管理重点）

a. 商品的采购来源，应具备合法和安全的保障。

b. 完整的包装和明确的商品标识。

c. 商品规格和定购量。

d. 配送方式和配送频度。

②运输阶段（物流人员应注意的鲜度管理重点）

a. 彻底做好各运送阶段冷冻、冷藏库的低温管理。

b. 保管及运送中要防止二次污染。

c. 仓库的管理要遵循先进先出的原则，在库量要维持适当。

d. 以适当温度来运送。

③验收阶段（门市工作人员应注意的鲜度管理重点）

a. 优先处理原则。

b. 验收作业要迅速准确。

c. 制造日期和有效日期的确认。

d. 验收后，迅速上架。

④销售阶段（门市销售人员应注意的鲜度管理重点）

a. 陈列设备的温度控制。

b. 低温商品的陈列要求。

c. 保持环境清洁。

d. 商品目视管理。

e. 做好停电（水）时应变措施处理。

f. 商店自用低温商品的鲜度管理。

g. 非营业时间的管理。

三、杂货类

杂，即指品种繁多，覆盖面广。零售杂货类商品种类有 10 万种以上，便利商店的卖场空间一般在 100 平方米左右，最多陈列 2000 种左右的杂货商品，所以如何选择和组合杂货商品对于经营者就显得相当重要。

便利商店主要是为了满足消费者的临时性或补充性商品的需求，向消费者提供"购物多样"与"便利兼顾"的商品和服务。随着人们生活水平的提高和生活节奏的加快，消费者对于"便利"的需求与日俱增，并且追求较高品质、品位的商品。所以经营者需要充分了解杂货商品的性质，做到所经营的商品"少而精，少而全"。

便利商店中，杂货商品一般包括日用消耗品、保健用品、家庭用品、文具用品、日用工具等。这类商品的一般保存时期较长；多属规格商品，不需要加工，就可直接上架销售，因此杂货商品的销售成本较低；但消费者耗用商品速度较慢，商品周转率低，可能造成滞销品而影响销售。

杂货商品在便利商店中，扮演着"传统"和"前卫"的双重角色。一般来说，这部分销售额在便利商店的总营业额的比例不高，但只有种类齐全才能构成便利性的商品结构，从而来满足消费者的需求。由于非食品类商品的保存期较长，商店一般疏于管理，一方面，此类商品周转较慢，周转率低；另一方面，又出现一些种类缺货。便利商店经营面积相对较小，必须认真选择商品以免导致商品滞销，又要及时做好数量管理，避免出现商品脱销。经营者在杂货商品日常管理时应着重商品的陈列管理和鲜度管理。

1. 陈列管理

杂货商品品种繁多，而且周转率不如食品类商品快，所以陈列方式一般按照"用途"区分。通过适当的商品调整和特殊的陈列技巧，可以为便利商店带来意想不到的商机。例如，开设特别的陈列区；妥善运用副陈列架；引进小规格的商品；专柜化经营等。

2. 鲜度管理

杂货商品为干性商品，保质期较长，所以商家常常会忽视杂货商品的鲜度管理。便利商店在杂货商品鲜度管理时应重点管理以下商品：逾期或接近有效期的商品；特殊包装的商品；包装损坏的商品；生产日期、有效期限、成分、产地标识不清的商品；遭灰尘玷污的商品等。

四、便利性商品

我国便利商店许多都是从原先的便民店发展形成的，一般都具有"时间便利"和"距离便利"的性质，而如何考虑在商品结构中追求差异性，提供"购买便利"的商品，并形成本店自己的特色，便利性商品的开发和组合至关重要。

便利性商品是便利商店现阶段及未来商品发展的主要方向之一，也是各便利商店竞相开发，形成商店差异性的重要武器。便利商店为顾客提供"时间便利""距离便利""购买便利"的商品，是区别于其他零售经营业态的重要方面之一。

便利性商品是指为了考虑消费者特定的需求，而特别开发设计的商品，可简单化分为特殊性商品和服务性商品。

1. 特殊性商品

特殊性商品有别于一般商品，是指便利商店为了迎合"积极"创造消费者需求和提供便利性的特点，而延伸开发的商品。例如热狗、加冰可乐。

现便利商店已经开发出来的特殊性商品主要以食品为主。此类商品一般毛利率都非常高，在提供便利、增加商店来客数的同时，也为便利商店创造了高额的利润。特殊性商品可细分为：①冷食品，此类商品是为夏季特别开发的商品，它不同于一般的规格包装品，最大的差异就在于此类商品附加价值高，利润高。②热食品，热食商品一直都是消费者所喜欢的，同时也是便利商店发展潜力较大的商品之一。③非食品，便利商店一般还没有进行开发，是未来发展空间较大的商品选择。

2. 服务性商品

服务性商品是为满足消费者日常生活需要，提供方便而开发的商品和服务。例如在便利商店提供邮票、电话卡等业务。

便利性商品和服务的提供，有助于提升商店的形象。服务性商品可细分为：①急需品：即刻需要的服务性商品，是指消费者在某一时刻发觉即刻需要时，便利商店可及时提供的商品。例如，下雨时需要的雨伞，出差时需要的刮胡刀，停电时需要的蜡烛或电筒。②便利服务：为消费者提供一些生活上的特定的服务，例如，代办邮局业务，代收各项费用，冲洗照片等。此类商品是便利商店制胜法宝，能达到增加商店来客数、创造利润和提升商店形象的功效。

便利性商品一般是非规格性的包装品，因此在管理上，必须建立一套有效率的运作制度和可行的作业方式，并落实实施，否则可能出现管理上的漏洞。

（1）商品质量管理

商品的使用者是消费者，商品质量是商家成功的关键，商品质量的管理是商家最基本、最重要的管理。特别是对于特殊性商品来说，商品的保鲜管理，从厂商到消费者的整个流程，必须制定质量管理的标准。

（2）服务质量管理

服务和质量是管理的两大重点，在管理过程中，服务质量并不是简单的指"人"的服务质量，而是指在整个服务流程的质量。服务流程的质量会直接影响整个服务质量，所以在提供便利性商品时，无论是特殊性商品还是服务性商品，都必须要有系统化的支撑。该系统的作业流程是影响整体服务质量的关键。要做好服务质量的管理，即做到服务制度化、标准化、流程化。

（3）形象管理

商家提供便利性商品，来满足消费者的需求，并创造利润，是经营的最终目的，同时可提升商店的形象。

便利商店的商品组合有相当大的发展空间，不能仅仅局限在有形商品的销售上。在商业圈内只要能满足顾客在生活上的需要和解决生活的不方便，都可以成为商店的业务（即服务性商品）。但是开发必须有选择性，应符合便利商店的特点和定位，而不是做到无所不包。

所以，商品开发人员在开发便利性商品时应遵循以下原则：特殊性商品开发追求便利性、快速性、差异性，遵循高毛利、高周转、自用品牌优先的原则；服务性商品开发追求便利性、消费者急需性、使用频度高。一般不只从毛利率角度考虑，而着重于满足顾客需要、替顾客节省时间、树立企业形象的角度。

五、文化出版物

随着人们生活水平的提高，商家在满足消费者生理需求的同时，还有满足其心理层面的需求，文化出版物则是适时补充消费者心理需求的最佳养分。在经济发达国家和地区，连锁便利商店文化出版物的销售业绩在整体营业构成中逐年递增（台湾为3％～6％，日本约为10％），并且一些单价高、毛利率、周转快的商品（音像制品、软件等）成为其发展重心。我国大中城市中的便利商店也开始提供文化出版物商品，主要以报纸和杂志为主。由于便利商店的店铺面积有限，不像书店一样可以摆上各式各样的出版物，所以便利商店中所销售的出版物一般为热门、流行的商品，例如期刊、报纸等。便利商店的最大特色在于24小时营业，所以在期刊、报纸类讲究时效的产品中可以占据时间的方便，满足顾客的即刻需求。

任务二　商品陈列

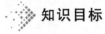

知识目标

掌握便利店经营中的商品陈列方法。

知识要点

一、商品陈列的基本原则

有效的商品陈列可以引起消费者的购买欲，并促使其采取购买行动。做好商品陈列必须遵循一些基本原则，包括绝对获利性、陈列点、吸引力、方便性、价格、稳固性、合理搭配性七个方面。

1. 绝对获利性

陈列必须确实有助于增加店面的销售；通过各方面的努力，要争取最有助于销售的陈列点位；要注意记录能增加销量的特定的陈列方式和陈列物；适时告诉供应商商品的陈列对获利的帮助；采用"先进先出"的原则，减少退货的可能性。

2. 陈列点的选择

对于传统型便利店，理想的陈列位置是柜台后面与视线等高的货架位置、磅秤旁、收银机旁、柜台前等。而对于便利店或平价便利店，与视线等高的货架、顾客出入集中处、货架的中心位置等均是理想的陈列位置。开始促销时要争取下列位置：便利店人流最多的走道中央、货架两端的上面、墙壁货架的转角处、收银台旁。不好的陈列点有仓库出口处、黑暗的角落、店门口两侧的死角、气味强烈的商品旁。

3. 独具吸引力

商品陈列只有吸引消费者的视觉注意力，才能有效传达商品的信息。一般要把握以下陈列技巧：充分将现有商品集中堆放以凸显气势；正确贴上价格标签；完成陈列工作后，故意拿掉几件商品，一来方便顾客取货；二来造成商品销售良好的迹象；陈列时将本企业商品与其他品牌的产品明显地区分开来；配合空间陈列，充分利用广告宣传品吸引顾客的注意；运用整堆不规则的陈列法，既可以节省陈列时间，也可以产生特价优惠的意味。

4. 方便于顾客

商品应陈列于顾客便于取货的位置，争取较好的陈列点，争取使顾客能从不同位置、方向取到商品；保证货架上有80％以上的余货，以方便顾客选购；避免将不同类型的商品混放，助销宣传品不要贴在商品上。

5. 价格的"摆放"

价格要标识清楚，价格标签必须放在醒目的位置，数字的大小也会影响对顾客的吸引力，直接写出特价的数字比告诉顾客折扣数更有吸引力。

6. 陈列的稳定性

商品陈列在于帮助销售而不是进行"特技表演"。在做"堆码展示"时，既要考虑一个可以保持吸引力的位置，也要考虑到堆放的稳定性。在做"箱式堆码"展示时，应把打开的箱子摆放在一个平稳的位置上，更换空箱从最上层开始，以确保安全。

7. 商品的合理搭配

主力商品与辅助商品搭配陈列；食品与非食品（装食品的器皿、包装等）搭配陈列；购买频率高的商品与购买频率低的商品搭配陈列；单位价格高的商品与单位价格低的商品搭配陈列；女性购买商品与男性购买商品搭配陈列；成人购买商品与儿童购买商品搭配陈列。

二、商品陈列的秘诀

一件商品能否使顾客感到华丽、新颖和富有吸引力，其布置与陈列起着十分关键的作用。合理的商品陈列可以起到展示商品、刺激销售、方便购买、节约空间、美化购物环境等作用。随着时间的推移，再新奇的商品也会慢慢地失去光彩，一个富有经验的店铺老板并不仅仅展示商品的新奇，而应该让他的顾客能感知商品的内在价值。据统计，店面如能正确运用商品的配置和陈列技术，销售额可以在原有基础上提高10％。

1. 相关性商品陈列在一处

相关商品陈列在一起，既能方便顾客购买，又能刺激顾客的购买欲望。要注意相关性商品应陈列在同一通道、同一方向、同一侧的不同货架上，而不应陈列在同一组双面货架的两侧。

比如，顾客买了一瓶啤酒，看见旁边有开瓶器，就顺带买了一个开瓶器，然后记起来过几天要请客，所以再走几步，看到了陈列的精致的玻璃杯，于是又挑选了一组玻璃杯。本来顾客只是为了买一瓶啤酒，结果因为买啤酒，而买了开瓶器，买了玻璃杯，甚至于连杯垫也一起买了。这就是相关性商品陈列的优势。

2. 突出重点

在同一类商品中也许有几件较有特色的商品，为了突出展示这些商品，梯形展台能较好地满足这方面的需要。梯形展台上分多层陈列大小不同的盘子，背面用色彩相配的图案作底衬，并配以聚灯光照明，能起到非常鲜明的效果。

3. 把握顾客心理

在许多情况下，顾客最关心的并非商品的价格，而是其内在的品质。如用大型图片展示一袋正在倒出的可可豆，这样的效果显然没有展示顾客品尝可可豆的情景来得好，因为顾客最关心的是可可豆的味道，而不是它的形状。因此在商品陈列之前首先应弄清楚顾客对该种产品已经了解了多少，最想要知道的是什么。

4. 兼顾实用性

有些商品尤其是一些日用品，顾客对其功能已十分了解，因此，能向人们介绍的是这些商品的实用性。对纺织品、家用器具等普通商品应让顾客知道其制作原料，并按日常使用的方式展示在人们面前。如按平时使用方式摆放在桌上的餐具就比放在货架上和插放在面板上的使人印象更为深刻，佩戴在模特身上的饰品要比放在玻璃柜里的更耀眼夺目。

5. 示范商品优越性

形象化地展示商品内在和外观的质量是营销工作的一项基本技能。某些商品如衣料等只需随意悬挂就可展示其外观的美，但如果要让顾客对其牢度有深刻的印象，则需通过其他方法如在悬挂的衣料上放置重物等。还有一些商品则要在实际工作状态中才可显示其优越性能，这种方法远比文字说明更加形象化。声控开关的展示，除了墙上的广告说明之外，展台上的家用电器可让顾客随意使用以切身体会这种声控开关的遥控性能。

6. 避免过分拥挤

不同的商品如果陈列得过分拥挤会挡住顾客的视线，从而影响到顾客对商品留下美好的感觉。为了避免过多的商品展出，受空间场地的限制，可将商品中的一部分精品在陈列时占据较多一点的空间，同类商品中的其余部分则可配以文字说明，在展台次要部分展出。商品经过分类组合陈列在几块不同的展示板上，顾客可有充裕的空间进行观察，从而能避免观赏集中陈列商品时的拥挤。展出商品的良好效果不仅来自其别具一格的布置设计，更取决于给观赏者留下充裕的观赏空间。

7. 增强视觉效果

有些在日常生活中经常遇到的小件商品在陈列时一般不会引起人们的注意，用一些夸张的表现手法可以增强这些商品陈列时的视觉效果等。如一张放大的餐具照片就能使顾客有一种新奇而又富有吸引力的感觉。

三、陈列设备的布置和应用

对于一个刚起步的便利店来说，谁都不希望看到畅销商品断货，而滞销品却堆积如山的现象。这是一件令人烦恼的事情。然而很多经营者只知道一味地在商品陈列上下很大的工夫，却没有达到自己所要的结果，那么这时你就要看一下你的陈列设备的布置和应用是否有利于你的便利店陈列商品。

1. 货架布置

首先要确定货架本身的样式，尤其是高度和宽度。货架的高度一般应根据具体情况，以人的活动需要为依据具体地构思设计，货架高度要与人体高度相适应，以方便顾客购物。

货架的高度确定下来以后，可以根据空间的具体情况及所选择的交通方式来确定货架的长度。还可运用黄金分割的定律，即宽与高按 1：0.618 的比例构成，造成一种合乎理性的美。

货架的平面排放也是至关重要的，可供选择方式有多种，包括队列式、岛屿式及辐射式等。

2. 陈列设备的应用

在应用各种陈列设备时，必须遵守以下几个基本原则：

（1）陈列用具必须同商品性质、形状、颜色相符合。

（2）不要在便利店的入门处陈列大柜台或高柜台。

（3）陈列用具的摆放不能影响通道。

（4）陈列用具应该注意多样化，要有高低、大小等各种样式的。

（5）陈列用具不应过多。

（6）橱窗柜、橱柜、陈列台、展示台、柜台、挂具等陈列设备用具，是便利店最主要的销售设施。正确使用这些设备用具，不仅可以增加商品的吸引力，而且有助于方便售货，提高效率，便于管理。

3. 橱窗柜的规格应用

便利店可用的橱窗柜多种多样，不过基本上分为以下几种：

（1）标准型。其规格为高 90 厘米，宽 45～60 厘米，长 90～180 厘米。

（2）高长型。其一般规格为高 160～190 厘米，宽 45～60 厘米，长 180 厘米，是较理想的展示设备之一。

（3）低矮型。一般用来展示进口香水、皮包、皮带、金银饰品等贵重商品。

（4）柜台型。常见的样式是高 80 厘米，宽 40～60 厘米，长 90～180 厘米。另外还有一种壁面橱柜，它搭设在墙壁上，用板架作为格状，对于商品种类的区分与陈列，具有一目了然的作用。

4. 陈列台、展示台的布置

陈列台一般用来摆放特价商品或打折商品，置于便利店的入口或显眼的地方，用来吸引顾客。常用的有箱形陈列台、吊船形陈列台、阶梯形陈列台。展示台一般用于较大商品的展示，高度都较低，如陈列服装模特、家具、大型电器等。

四、商品陈列的类型

商品的陈列应随着时间和季节等外部的变化而变化，一成不变的商品陈列就如同是一潭死水。"流水不腐，户枢不蠹"，商品的陈列方法是在不停地摸索和繁衍的，不同的门店间的相同商品的陈列类型也各有不同。因地制宜的商品陈列不仅可以美化便利店，更重要的是可以促进商品的销售。

1. 肩并肩陈列与单独陈列

在日常的管理中，商家可能将某一品类的所有商品按照品牌并列，便于消费者比较；也可能将其进行单独陈列（如品牌商品通常摆放在隔离开的走道中），这不利于消费者对所有品牌进行比较。这时就会产生一个问题，如果品类的内容不变的话，将某一品牌肩并肩陈列和单独陈列，对消费者的购买有何影响？

当备选品肩并肩陈列时，那些能够帮助消费者进行精确比较的方面（如价格、功能等）会引起消费者的注意，对于无法量化的方面（如品牌等）消费者就不会太在意。具体而言，将备选品肩并肩陈列，消费者就会关注价格和功能之间的区别，而忽视品牌之间的区别，这是因为价格和功能是可以精确量化，便于消费者比较，而品牌则是不可量化，不易准确比较。

但是将商品单独陈列，比如将商品置于走道尽头，就会产生相反的影响：品牌变得更加重要，而价格和功能的重要性却会下降。单独陈列，消费者在进行比较时，无法清楚回忆那些易于精确比较的方面（如价格、功能等），这时品牌就会起作用，因为人们对于品牌的认知通常是比较深刻，不易忘记的。

一般而言，当消费者认为某一品牌是高质高价的，那么将这一品牌的商品单独陈列可以提高其销量。换句话说，如果消费者认为某一品牌质量不高，但价格较低、功能较强的话，将这一品牌与其他品牌肩并肩陈列，便于消费者进行比较，可能效果会好一些。

因此，优质品牌单独陈列会吸引更多的消费者，而一些低质品牌则正好相反。巧妙搭配，商家的商品销量就会发生可喜的变化！

2. 按品牌陈列与按样式陈列

一般情况下，大部分消费者在购物时，往往会避免选择备选系列中最便宜的商品，这也意味着商品的陈列方式会对消费者的选择产生相当大的影响。通常，便利店商品既可以按照品牌陈列，也可以按照样式陈列。比如，可以按照品牌陈列将所有的 A 品牌电视机摆放在一起，所有 B 品牌电视机摆放在一起等，也可以将所有的 21 寸包括 A、B 等品牌电视机都摆在一起，将 29 寸各品牌电视机摆在一起等。那么，这种陈列如何影响各种电视机的销量呢？

面对以上的备选系列时，消费者会尽量避免选择价格最低的商品的心态表明，当电视机按照品牌陈列时，消费者可能会同时考虑同一品牌中各种档次的电视机，这样就会导致低档电视机的销量下降。而如果电视机按照样式陈列，每一样式都有不同的品牌，消费者就有可能会避免选择最便宜的电视机。

所以备选品的陈列方式，是按品牌陈列还是按样式陈列，会系统性地影响消费者的选择。当商品按照样式陈列时，最便宜的品牌销量少；当商品按照品牌陈列时，最便宜的样式销量少。

3．纵向陈列和水平陈列

纵向陈列是指同类商品从上到下地陈列在一个或一组货架内，顾客一次性就能轻而易举地看清所有的商品。水平陈列是把同类商品按水平方向陈列，顾客要看清全部商品，需要往返好几次。所以，应尽量采用纵向陈列。

4．廉价陈列和高档陈列

落地陈列属于廉价陈列，它给顾客一种便宜的感觉，能够刺激顾客的购买欲望。

有些场合需要给顾客高档的感觉，可以用豪华的货架和灯光处理的方法制造高档的感觉。

比如，夏天时，便利店里通常都把可乐、橙汁等各种饮料落地陈列；到了冬天，又把火锅之类的商品落地陈列，以达到大量销售的目的。

5．大、中、小型的陈列

大的店面经常举行各种各样的促销，宜使用大型陈列。假期到了，大型便利店配合可乐供应商举办一个暑假活动，在店面里落地陈列可乐，这叫大型陈列。

一般便利店在货架两端做中型陈列。

便利店中每个货架层板上的陈列，是小型陈列。

6．活动式的陈列

对于一些商品，可以采用活动式的陈列，比如服装，营业员选取其中一款，作为制服穿在身上，这也是一种销售技巧，营业员本身就在生动形象地直接给商品做着一种引人注目的最佳效果的展示。

陈列的方式有很多种，要想在激烈的竞争中胜出，就要有异于大众的宣传效果最佳的独特而大胆的创意。

五、黄金段位陈列法

琳琅满目的商品陈列可以促进顾客的购买欲。有资料表明，在一家便利店内，放满陈列可平均提高 24％的销售额。

但具体怎么放却有不少讲究。下面我们一起看一下商品的黄金陈列法。

商品放满陈列要做到以下几点：

（1）货架每一格至少陈列 3 个品种，保证品种数量，畅销商品的陈列可少于 3 个品种。

（2）就单位面积而言，平均每平方米要达到 11～12 个品种的陈列量。

（3）当商品暂缺货时，要将货架空出来，并及时采用销售频率高的商品来临时填补空缺商品位置，有必要时，需做修改。但应注意商品的品种和结构之间关联性的配合。

放满陈列只是一个平面的设计，实际上，商品是立体排放的，更细致的研究在于，商品在整个货架上如何立体分布。

系列产品应该呈纵向陈列。如果它们横向陈列，顾客在挑选商品某个商品时，就会感到非常不便。因为人的视觉规律上下垂直移动方便，其视线是上下夹角 25°。顾客在离货架 30～50 厘米距离间挑选商品，就能清楚地看到 1～5 层货架上陈列的商品。而人视觉横向移动时，就要比前者差得多，人的视线左右夹角是 50°，当顾客距货架 30～50 厘米距离挑选商品时，只能看到横向 1 米左右距离内陈列的商品。这样就会非常不便。实践证明，两种陈列所带来的效果确是不一样的。纵向陈列能使系列商品体现出直线式的系列化，使顾客一目了然。系列商品纵向陈列会使 20％～80％的商品销售量提高。另外纵向陈列还有助于给每一个品牌的商品一个公平合理的竞争机会。

但产品线很长的品牌应区分对待。如果将这一品牌的商品纵向陈列，虽然从整体上看陈列得非常整齐，但往往会使某些品牌占据便利店货架的主要段位，为了便于进行商品的实际销售能力的考核，现在有些门店会在纵向陈列与产品的类别上做一个选择，将一些产品线比较长的产品分成若干个部分，这样就会增强商品之间的竞争意识，并且便于顾客比较商品的价差，从而提高门店的日常销售。

提高便利店日常销售最关键的是货架上黄金段位的销售能力。根据一项调查显示，商品在陈列中的位置进行上、中、下 3 个位置的调换，商品的销售额会发生如下变化：从下往上挪的销售一律上涨，从上往下挪的一律下跌。这份调查不是以同一种商品来进行试验的，所以不能将该结论作为普遍真理来运用，但"上段"陈列位置的优越性已经显而易见。

实际上目前普遍使用的陈列货架一般高 165～180 厘米，长 90～120 厘米，在这种货架上最佳的陈列段位不是上段，而是处于上段和中段之间段位，这种段位称为陈列的黄金段位。以高度为 165 厘米的货架为例，将商品的陈列段位进行划分：黄金陈列段位的高度一般在 85～120 厘米，它是货架的第二三层，是眼睛最容易看到、手最容易拿到商品的陈列位置，所以是最佳陈列位置。此位置一般用来陈列高利润商品、自有品牌商品、独家代理或经销的商品。该位置最忌讳陈列无毛利或低毛利的商品，那样对便利店来说是利润上一个巨大的损失。

其他两段位的陈列中，最上层通常陈列需要推荐的商品；下层通常是销售周期进入衰退期的商品。

六、商品陈列的"磁石点"理论

现代化便利店以其装潢富丽堂皇、设施先进齐全、商品琳琅满目、环境优雅舒适、灯光明亮柔和吸引着数以千计的顾客。然而这些外在的"硬件"仅是商品经营的一个方面，更重要的是经营者要找出适合顾客客观看商品的特点和习惯的切入点。虽然门店陈列商品有很多方式，每一种商品都有其陈列规矩；但是，作为商家，科学的商品陈列理论是商场的"撒手锏"。最典型的陈列理论是商场的"磁石点"理论。

1. 第一"磁石点"：便利店主通道两侧的地方

因为它是顾客的必经之地，所以也是商品销售最主要的场所，此处陈列的应是主力商品。

在第一"磁石点"上展示商品不仅会对所销售的商品产生很大影响，而且也将决定顾客对于该门店的整体印象和评价。所以，左右结合，吸引顾客，是商品摆放的一个技巧。一般来说，顾客进入商场后，眼睛会不由自主地首先射向左侧，然后转向右侧。这是因为人们看东西是从左侧向右侧的，即印象性地看左边的东西，安定性地看右边的东西，在国外已有许多商场注意到人类工程学的这个特点。利用这个购物习惯，将引人注目的物品摆放在商场左侧，迫使顾客停留，以此吸引顾客的目光，充分发挥商场左侧方位的作用，变不利因素为有利因素，促使商品销售成功。这个方法在国外应用比较普遍，然而在国内的一些商场，摆放商品大多是无意识的，缺少科学根据，较少考虑顾客的购物特点。其实，中国人的这个特点在其他方面表现也比较突出，如走路朝右边走，有一种安定感；吃饭用右手，形成固定姿势……在人们的心目中，右方是安全的、稳定的。所以，商场的经营者可充分利用这一特征，借商品摆放的不同位置，给顾客以不同效应，最大限度地吸引顾客的注意力。

知道上面这个定律后，主通道两侧无疑就是便利店管理者苦心布局的"门面"。尽管如此，我们还是经常可以看到，相当多的便利店出于短期的促销目的，在主通道两侧陈列过季、滞销等降价商品以此吸引顾客注意。这种陈列方式从长远看，会造成低价滞销的整体形象，必将有损便利店在顾客心目中的地位。第一"磁石点"的商品应是购买量多、购买频率最高的商品，如蔬菜肉类、日用品等都应放于主通道两侧。

2．第二"磁石点"：便利店主通道的顶端

主通道顶端，通常处于便利店最里面的位置第二"磁石点"陈设的首先应是能诱导顾客走进便利店最里面的商品，一般应放置日用性的商品，因为消费者总是不断追求新产品，把新的商品布局在第二"磁石点"，就可以把顾客吸引到便利店最里面；其次，可以配置部分季节性商品，利用商品的季节性差价形成对顾客的吸引；最后，由于第二"磁石点"的商品多为生鲜熟食等商品，所需光亮程度高过其他区域，同时也会因为其高亮度和飘出的香味吸引顾客进入门店的最内部。

3．第三"磁石点"：便利店的出口位置

该点的商品陈列目的在于尽可能地延长顾客在店内的滞留时间，刺激顾客的购买欲，陈列的商品主要以食品、日常生活用品、休闲类的相关用品为主。

一般来说，第三"磁石点"的商品主要集中表现为以下特征：特价商品；商家开发的品牌商品；季节商品；购买频率高的日用品。出口处的商品陈列要考虑到上述商品的有机组合。

4．第四"磁石点"：便利店副通道的两侧

这是个需要让顾客在长长的陈列中引起注意的位置，因此在商品布局上必须突出品种繁多的特点，商品的陈列更加注重变化，可以有意利用平台、货架大量陈列；突出商品位置标牌；在道路两侧设置特价商品广告。这样，可以减少顾客在购物过程中的厌烦心理，有利于引起顾客的注意。对于面积较小、陈列线较短

的便利店来说，第四"磁石点"商品的效果并不明显。在大型便利店中，第四"磁石点"商品主要集中于服装、杂货、家庭日用品等。

因此，商场经营不是简单的你买我卖的纯商业活动，而是与顾客进行各种心理交际的特殊场所。在商品摆放上，仅仅采用开架售物，或者注意商品陈列的疏密有致、美观大方，只是最起码的商品摆放的要求。时代的发展、竞争的激烈给商场经营者不断提出更高的目标，既要使顾客心情舒畅地购物，又要增加商品销售量，需要细心体察顾客购物的不同心理习惯。唯此，才能与顾客进行成功的交际。

便利店的磁石原理是基于顾客心理、经过实践检验证明比较行之有效的理论，对商品陈列有很强的现实指导意义。

七、关联产品陈列法

商家总是不惜重金抢夺黄金货架，便利店总是将最好卖的产品放在最有利的位置。但是，一个便利店，总有冷角和死角；黄金货架也不是每一个厂家都可以买得起的。如何在便利店的有限空间里盘活你的产品，让陈列做得更合理更科学，增大销售机会？不妨试一试关联产品陈列法。

想必大家都听过这个故事吧：在沃尔玛对商品进行购物篮分析，即分析哪些商品客户最有希望一起购买，数据库里集中了各个分店一年多详细的原始交易数据，在这些原始交易数据的基础上，沃尔玛利用自动数据挖掘工具（模式识别软件）对这些数据进行了分析和挖掘，一个意外的发现就是：跟尿布一起购买最多的商品竟是啤酒！按常规思维，尿布与啤酒风马牛不相及。原来美国的太太们常叮嘱她们的丈夫下班后为小孩买尿布，而丈夫们在买尿布后又随手带回两瓶啤酒。既然尿布与啤酒一起购买的机会最多，沃尔玛发现后，就把这两种商品放到了一起，结果是尿布与啤酒的销售量双双增长。

这种把尿布和啤酒放在一起的商品陈列法应该归类于关联产品陈列法。在陈列上，什么样的产品可以借相关产品的势呢？一般来说，具有陈列面积小、反复购买概率相对低、有一定的延伸价值、小巧精致等特点的产品就可以借相关产品的势，如香烟和打火机。

再举一个例子：一家便利店老板，不久前进了一批酒瓶起子。虽然这种商品利润相对较高，但他原本并不想卖这个产品，可总是有人到店里来问，不能没有呀！开始他将这些酒瓶起子放在一个角落里，有人问了，就指给别人看，卖得十分缓慢，他也不大在意。

后来，酒瓶起子的业务员巡视终端，看见了该老板的陈列，给他出了个主意：你把酒瓶起子放在你出售的酒旁边试试，我敢保证你的酒瓶起子的销售量肯定会是以前的几倍，而且根本就不会占多少地方。

该老板不信，但又觉得企业的业务员有些道理，决定试一试。结果正如该业务人员的预料，酒瓶起子的销售量成倍上升。他纳闷的是：有人购买酒瓶起子甚至一次买好几个。他问这些消费者原因，消费者回答很简单：这么漂亮、款式又多的酒瓶起子，可以挂在冰箱上当装饰品呀！

酒和酒瓶起子是完全不同的两类商品，但是却是相关。它们有着根本的区别：

酒是快速消费品，消费者会反复购买；酒瓶起子相对来说是耐用消费品，消费者不会反复购买。

这就决定了酒瓶起子被消费者关注的程度低，不可能专门设立一个明显的位置陈列它，被放在角落里也在情理之中。但是，如果酒瓶起子除了开酒用，还有别的效用时，情况就不一样了，比如别致的款式被用来当作装饰品了，它的购买数量就不一样了。这就是我们时常说的：产品除了核心价值，还有延伸价值。"时常被消费者看见"——就是我们在做陈列时要考虑的问题。酒瓶起子借酒被时常关注之势，同样创造了不错的销售业绩。

当然不是所有的便利店都可以这样陈列，像大型便利店，一般陈列都是按照品类划分，很难将不是同类的产品陈列在一起。但是对于中小型便利店来说，关联陈列法很适合。

需要注意的是，这样的借势陈列，不适宜在一个小便利店里广泛运用，因为用得过多，便利店会显得凌乱，陈列没有规律，让消费者不容易找到他们更加经常购买的商品。

八、抓住顾客心理去陈列商品

"渠道扁平化"是竞争导致的一个必然趋势。如何做好客户终端销售，是每一家便利店的必修课，商品陈列作为做好终端的必要条件，它的重要性是不容忽视的。良好的商品陈列不仅可以方便、刺激顾客购买，而且可以提高便利店的品牌形象。为此，应根据顾客的心理特征，讲求商品陈列艺术，使商品陈列做到醒目、便利、美观、实用。

1. 抓住顾客心理的陈列法则

社会环境和经济条件不断发展，顾客的购买需求也随之不断地变化，所以商家在陈列自己的商品的同时，一定要知道顾客购买的 8 个心态，而后按顾客的购买心态来陈列自己的商品。我们可以通过橱窗陈列、商品陈列等措施来满足顾客的购买心理，从而达到让顾客产生购买冲动的目的。

（1）注意。吸引目光，注视观看。

（2）兴趣。产生、引发兴趣。

（3）联想。购买时和购买后的联想。

（4）需求。想要拥有、购买欲望。

（5）比较。与类似的同种商品比较，做出选择。

（6）决定。经过上述 5 个阶段的活动过程，顾客在头脑里经过反复的酝酿和思考后最后才决定购买。

（7）实行。签订买卖契约和付款。

（8）满足。顾客购买后的满意感。

2．满足顾客购买心理的商品陈列法

基于上述关于顾客的购买心理，和大家一起探讨满足顾客购买心理的几种商品陈列法。

（1）醒目陈列法

醒目陈列法要求的是商品的摆放应力求醒目突出，以便迅速引起消费者的注意。

（1）合理摆放高度。消费者走进便利店，经常会无意识地环视陈列商品，通常，无意识的展望高度是 0.7～1.7 米。同视觉轴大约 30°上的商品最容易让人清晰感知，60°范围内的商品次之。在 1 米的距离内，视觉范围平均宽度为 1.64 米；在 2 米的距离内，视觉范围达 3.3 米；在 5 米的距离内，视觉范围达 8.2 米；到 8 米的距离内，视觉范围就扩大到 16.4 米。因此，商品摆放高度要根据商品的大小和消费者的视线、视角来综合考虑。一般来说，摆放高度应以 1～1.7 米为宜，与消费者的距离为 2～5 米，视域宽度保持在 3.3～8.2 米。在这个范围内摆放，可以提高商品的能视度，使消费者清晰地感知商品形象。同时要便于触摸。

（2）保持商品量感。所谓量感，是指陈列的商品数量要充足，给消费者以丰满、丰富的印象。量感可以使消费者产生有充分挑选余地的心理感受，进而激发购买欲望。这就要求合理确定库存、架存的关系，并及时补充架存商品。

（3）突出商品特点。商品的功能和特点是消费者关注并产生兴趣的集中点。

将商品独有的优良性能、质量、款式、造型、包装等特殊性在陈列中突出出来，可以有效地刺激消费者的购买欲望。例如，把气味芬芳的商品摆放在最能引起消费者的嗅觉感受的位置；把款式新颖的商品摆放在最能吸引消费者视线的位置；把多功能的商品摆在消费者易于接触观察的位置；把名牌和流行性商品摆放在显要位置。这些都可以起到促进消费者购买的心理效应。

（2）裸露陈列法

好的商品摆放，应为消费者观察、触摸以及选购提供最大便利。多数商品应采取裸露陈列，应允许消费者自由接触、选择、试穿试用、亲口品尝，以便减少心理疑虑，降低购买风险，坚定购买信心。

（3）季节与节日陈列法

季节性强的商品，应随季节的变化不断调整陈列方式和色调，尽量减少店内环境与自然环境的反差。这样不仅可以促进季节商品的销售，而且使消费者产生与自然环境和谐一致、愉悦顺畅的心理感受。这在时装、烹调产品上体现得尤为明显。

（4）艺术陈列法

这是通过商品组合的艺术造型进行陈列的方法。各种商品都有其独特的审美特征，如有的款式新颖，有的造型独特，有的格调高雅，有的色泽鲜艳，有的包装精美，有的气味芬芳。在陈列中，应在保持商品独立美感的前提下，通过艺术造型，使各种商品巧妙布局，相映生辉，达到整体美的艺术效果。可以采用直线式、形象式、艺术字式、单双层式、多层式、均衡式、斜坡式等多种方式进行组合摆放，赋予商品陈列以高雅的艺术品位和强烈的艺术魅力，从而对消费者产生强大吸引力。

（5）连带陈列法

许多商品在使用上具有连带性，如牙膏和牙刷。为引起消费者潜在的购买欲望，方便其购买相关商品，可采用连带陈列方式，把具有连带关系的商品相邻摆放，达到促进销售的目的。

（6）重点陈列法

现代便利店经营商品种类繁多，少则几千种，多则上万种，尤其是大型零售便利店，品类多，每个品类又有许多单品。要使全部商品都引人注目是不可能的，可以选择消费者大量需要的商品为陈列重点，同时附带陈列一些次要的、周转缓慢的商品，使消费者在先对重点商品产生注意后，附带关注到大批次要产品。

（7）背景陈列法

将待销售的商品布置在主题环境或背景中。这在卖点很强的节日中体现得尤为明显。如情人节将巧克力、玫瑰花、水晶制品等陈列在一起；圣诞节将松树、圣诞老人、各种小摆件营造在同一便利店，效果都不错。在实践中，往往是综合运用各种方法，也就是把以上几种方法综合起来进行商品陈列。从某种程度上讲，店面经理应该是个陈列专家，要不断提高店面商品陈列的水准。商品陈列是一个永远的话题。

九、便利店的橱窗陈列艺术

作为一家便利店的老板，谁都希望自己店里的商品能有好的销量，而小店内的橱窗陈列可以说是很重要的，只要把商品陈列做得合乎顾客的心理，那么这样的小店就算是很成功的了。橱窗陈列可以分为以下几种。

1. 综合式橱窗陈列

这种陈列就是将许多不相关的商品综合陈列在一个橱窗内，以组成一个完整的橱窗广告。这种橱窗陈列由于商品之间差异较大，设计时一定要谨慎，否则就会给人一种"什锦粥"的感觉。

综合式橱窗陈列的方法又可以具体分为以下几种：

（1）横向橱窗陈列。将商品分组横向陈列，引导顾客从左向右或从右向左的顺序观赏。

（2）纵向橱窗陈列。将商品按照橱窗容量大小，纵向分布几个部分，前后错落有致，便于顾客从上而下依次观赏。

（3）单元橱窗陈列。用分格支架将商品分别集中陈列，便于顾客分类观赏，多用于小商品。

2. 系统式橱窗陈列

大中型便利店橱窗面积较大，可以按照商品的类别、性能、材料、用途等因素分别组合陈列在一个橱窗内。

系统式橱窗陈列的方法又可以具体分为以下几种：

（1）同质同类商品橱窗陈列。同一类型同一质料制成的商品组合陈列，如各种品牌的冰箱、自行车橱窗。

（2）同质不同类商品橱窗陈列。同一质料不同类别的商品组合陈列，如羊皮鞋、羊皮箱包等组合的羊皮制品橱窗。

（3）同类不同质商品橱窗陈列。同一类别不同原料制成的商品组合陈列，如杏仁蜜、珍珠霜组成的化妆品橱窗。

（4）不同质不同类商品橱窗陈列。把不同类别、不同制品却有相同用途的商品组合陈列橱窗。如网球、乒乓球、排球、棒球组成的运动器材橱窗。

3．专题式橱窗陈列

以一个广告专题为中心，或者围绕某一特定的事情，组织不同便利店或同一便利店不同类型的商品进行陈列，向媒体受众传输一个诉求主题。如节日陈列、绿色食品陈列、丝绸之路陈列等。

这种陈列方式多以一个特定环境或特定事件为中心，把有关商品组合陈列在一个橱窗，又可分为以下几种：

（1）节日陈列。以庆祝某一个节日为主题组成节日橱窗专题。如中秋节以各式月饼、黄酒等组成的橱窗；圣诞节以圣诞礼品、圣诞老人等组合的橱窗。这种陈列方式既突出了商品，又渲染了节日的气氛。

（2）事件陈列。以社会上某项活动为主题，将关联商品组合的橱窗。如大型运动会期间的体育用品橱窗。

（3）场景陈列。根据商品用途，把有关联性的多种商品在橱窗中设置成特定场景，以诱发顾客的购买行为。如将有关旅游用品设置成一处特定的旅游景点，吸引过往观众的注意力。

4．特写式橱窗陈列

运用不同的艺术形式和处理方法，在一个橱窗内集中介绍某一便利店的产品。这种陈列方式适用于新产品、特色商品的广告宣传。主要有以下几种陈列方式：

（1）单一商品特写陈列。在一个橱窗内只陈列一件商品，以重点推销该商品，如只陈列一台电冰箱或一架钢琴。

（2）商品模型特写陈列。即用商品模型代替实物陈列，多适用于体积过大或过小的商品，如汽车模型、香烟模型橱窗，某些易腐商品也适用于模型特写陈列，如水果、海鲜等。

5．季节性橱窗陈列

季节性商品的陈列应在季前开始，便利店应了解顾客的潜在需要，根据天气的变化来改变商品的陈列，否则将丧失适时销售的良机。

根据季节变化把应季商品集中进行陈列，如冬末春初的羊毛衫、风衣展示，春末夏初的夏装、凉鞋、草帽展示。这种手法满足了顾客应季购买的心理特点，有利于扩大销售。

便利店的橱窗多采用封闭式，以便充分利用背景装饰，管理陈列商品，方便顾客观赏。橱窗规格应与便利店整体建筑和店面相适应。

橱窗底部的高度，一般以离地面 8～130 厘米，成人眼睛能看见的高度为好，所以大部分商品可从离地面 60 厘米的地方进行陈列，小型商品可从 100 厘米以上的高度陈列。电冰箱、洗衣机、自行车等大件商品可陈列在离地面 5 厘米高的部位。

策划者可根据零售便利店规模的大小、橱窗结构、商品的特点、消费需求等因素，选择具体的橱窗陈列广告形式。

透过 7-Eleven 看便利店商品陈列艺术

世界著名的连锁便利公司 7-Eleven 的店铺一般营业面积为 100 平方米，店铺内的商品品种一般为 3000 多种，每 3 天就要更换 15～18 种商品，每天的客流量有 1000 多人，因此商品的陈列管理十分重要。

曾经就有这样一个趣事：一位女高中生在 7-Eleven 的店铺中打工，由于粗心大意，在进行酸奶订货时多打了一个零，使原本每天清晨只需 3 瓶的酸奶变成了 30 瓶。按规矩应由那位女高中生自己承担损失——意味着她一周的打工收入将付诸东流，这就逼着她只能想方设法地争取将这些酸奶赶快卖出去。冥思苦想的女高中生灵机一动，把装酸奶的冷饮柜移到盒饭销售柜旁边，并制作了一个标牌，写上"酸奶有助于健康"。令她喜出望外的是，第二天早晨，30 瓶酸奶不仅全部销售一空，而且出现了断货。谁也没有想到这个女高中生的戏剧性的实践带来了 7-Eleven 的新的销售增长点。从此，在 7-Eleven 店铺中酸奶的冷藏柜便同盒饭销售柜摆在了一起。由此可见，商品陈列对于商品销售的促进作用是十分明显的。

7-Eleven 在具体的做法上是每周总部都要给分店提一本至少 50 页的陈列建议彩图，内容包括新商品的摆放、招贴画的设计等，这些使各店铺的商品陈列水平都有了很大的提高。除此之外，7-Eleven 还在每年春、秋两季各举办一次商品展示会，向各加盟店铺展示标准化的商品陈列方式，参加这种展示会的只能是7-Eleven 的职员和各加盟店的店员，外人一律不得入内，因为这个展示会揭示了7-Eleven 半年内的商品陈列和发展战略。另外，7-Eleven 还按月、周对商品陈列进行指导，比如，圣诞节来临之际，圣诞商品如何陈列、店铺如何装修等都是在总部的指导下进行的。

从上述有关7-Eleven 商品陈列的一些介绍中，我们可以了解到国际大型连锁便利店对于商品陈列的管理方法。同时，我们也应当看到目前我们自己的门店对于商品陈列的管理还有什么不足。一些刚入便利店这一行业的人大都已经知道便利店的一些基本的商品陈列方法，如商品的突出陈列、关联陈列、比较性陈列、随机性陈列等，但是这些陈列方法的运用是变化的，不是一成不变的。

商品陈列的变化应符合以下几个原则：商品的陈列要符合门店的整体形象和感观；商品的陈列要符合门店的促销策略；商品的陈列要适应季节的变化；商品的陈列要便于顾客选购；商品的陈列要美观大方，富有艺术感。

变化的商品陈列是为门店取得良好的销售业绩的途径之一，它会为门店的日常经营带来活力，同时检查一项商品陈列的变化成功与否的唯一标准也将是商品的销售业绩。由此也可以看出商品陈列的重要性，良好的商品陈列能够使门店富有魅力，吸引众多的顾客的目光。

项目五　便利店营运管理

 **案例引入**

"科技为商场提供劳动力，促销为商场安上了翅膀"，这是 IBM 创始人沃森说过的一句话。营运管理的目的是鼓励消费者购买的积极性，销售更多的商品，促销是最主要的一种营运方式，根据市场性质及促销对象的不同，促销一般可分为经销商促销、制造商促销、促销代表促销及消费者促销。不论哪种促销，其最终的结果都是实现产品或服务的消化、即流入消费者。

成功的便利店运营管理是每个商家都关心的问题，也是商场短兵相接的战场第一线。

任务一　营运目标管理

 知识目标

掌握便利店经营中的营运目标管理方法。

 知识要点

一、组织体系

便利商店一般可简单分为单体店和连锁店两种形式。

1. 单体店

总部一般不向单体店提供职员，店主需要自行招聘和管理。单体店的组织结构通常比较简单，因为员工少，专业化分工少，不必划分部门，也没有分支机构，只需两个或三个人事层次（业主与雇员），通常由业主亲自管理业务，但从事的经营活动、完成的职能任务并不少，下面列出两种组织结构以供参考（图5-1）。

（1）按职能组织分

图5-1（a）的便利商店是按照职能组织划分为商品经营和商品运营管理两部分。商品经营人员负责商品采购、销售、分类、陈列及广告等，运营管理人员负责商品的维护和日常业务（如存货管理和财务管理）。

（2）以商品为基本组织

图5-1（b）中的便利商店则是以商品为基础组织，人员按照商品大类分工并负责特定的活动。这种划分方式使所有商品大类都能得到适当的重视，员工在经营有关大类商品上积累起专门的知识，因为采购和销售不同类商品的技巧是有差异的。

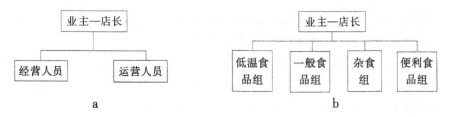

图5-1　单体店的组织结构

2. 连锁店的组织

连锁便利店一般由10个以上的门店组成，实行规范化管理，能够做到统一订货，集中合理化配送，统一结算，实行采购与销售职能分离。连锁便利店包括总部—分店两个层次。

（1）总部

连锁总部是为门店提供服务的单位，通过总部的标准化、专业化、集中化管理使门店作业单纯化、高效化。其基本职能主要有政策制定、店铺开发、商品管理、促销管理、店铺督导等，由不同的职能部门分别负责。

连锁总部根据自身企业发展规模和速度不同，设立相应的职能部门。总部一般包括发展部、营业部、采购部、物流中心、财务部、管理部、营销部等（图5-2）。

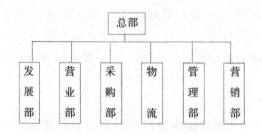

图 5 – 2　便利店连锁总部组织结构图

（2）发展部

发展部职能主要包括：

①开设新店或发展加盟店时进行商圈调查。

②制定选址标准、设备标准和投资标准。

③决定自行建店、买店或租店。

④开店流程安排及进度控制。

⑤开店工程招标、监督及验收。

⑥新开分店的设备采购与各分店设备的维修保养。

⑦新开分店的投资效益评估。

（3）营业部

营业部职能主要包括：

①制定公司总营业目标，各门店营业目标和促进计划。

②对分店的经营进行监督和指导。

③营业考核制度的制定、推行和监督。

④营业人员调配及工作分派。

⑤门店经营情况及合理化建议的反馈与处理。

⑥销售业务的推动与执行。

（4）采购部

采购部职能主要包括：

①商品组合策略的拟订及执行。

②商品价格策略的拟订及执行。

③商品货源的把握、新产品开发与滞销商品淘汰。

④商品的采购。

（5）配送中心

配送中心（或委托配送机构）是连锁公司的物流机构，承担着商品的集货、库存保管、包装加工、分拣配货、配送、信息提供等职能。便利店配送中心由分货配货（TC）、流通库存（DC）、生鲜加工（PC）三部分构成。

（6）财务部

财务部职能主要包括：

①资金运用计划制订、资金管理与资金调度。

②各种财务报表、会计报表的编制与分析。

③审核凭证、账务处理及分析。

④每日营业核算。

⑤发票管理。

⑥税金申报、缴纳，年度预决算。

⑦会计电算化及网络管理。

⑧门店会计作业辅导等。

（7）管理部

管理部职能主要包括：

①企业组织制度的确定。

②人事制度的制定及执行。

③员工福利制度的制定与执行。

④人力资源规划，人员招聘、培训。

⑤奖惩办法的拟定及执行。

⑥企业合同管理及公司权益的维护。

⑦其他有关业务的组织与安排，也可与财务部合并。

（8）营销部

营销部的职能主要包括：

①分店商品配置、陈列设计及改进。

②促销策略的制定与执行。

③企业广告、竞争状况调查分析。

④企业形象策划及推出。

⑤公共关系的建立与维护。

⑥新市场开拓方案及计划的拟订。

该部门可以根据自身发展情况单设或并入营业部。

以上是连锁公司总部的几个主要职能部门。当然，总部还可设立信息部以及相关的后勤部门：信息部负责管理本企业信息系统，包括营业系统、管理系统、外部信息管理；相关后勤部门，负责整个公司的后勤工作。便利商店企业在发展过程中，根据自身的情况，适度调整及增减这些职能部门和分工。

（9）门店

门店是总部政策的执行单位，是连锁公司直接向顾客提供商品及服务的单位。其基本职能是：商品销售、进货及存货管理、绩效评估。

商品销售是向顾客展示、供应商品并提供服务的活动，是门店的核心职能。进货是指向总部要货或自行向由总部统一规定的供货商要货的活动，门店的存货包括卖场的存货（即陈列在货架上的商品存量）和内仓的存货。经营绩效评估包括对影响经营业绩的各项因素的观察、调查与分析，也包括对各项经营指标完成情况的评估以及改善业绩的对策。

二、店长职责

1. 店长

店长，是便利商店店铺的经营者，是门店的灵魂人物，无论连锁店还是单体店，门店店长都必须将店铺的各项资源有效地加以运用，完成各项经营指标。连锁店铺的店长还要服从公司总部的高度集中统一指挥，积极配合总部的各项营销策略的实施。其主要作用与职责如下：

（1）教育管理

作为零售企业要树立一切为了顾客的观念。店长要随时教育全体员工"站在顾客的立场上考虑一切"，这是店铺工作的立足点。

（2）商品管理

商品管理的好坏是考核店长管理能力的重要标准。

①监督商品的要货、上货、补货，做好进货验收、商品陈列、商品质量和服务质量管理等有关作业。

②执行总部下达的商品价格变动。

③监督门店商品损耗管理，把握商品损耗尺度。

（3）销售管理

①执行总部下达的销售计划。店长应结合本店的实际，制定自己店铺完成年度销售计划以及分月销售计划的销售，以保证各项经济指标的完成。制定各部门的各项经济指标，将计划落实到各部门，与经济效益挂钩，调动全体员工的工作积极性。

②执行总部下达的促销计划和促销活动，制定本店的具体实施方案。

③掌握门店的销售动态，向总部建议新商品的引进和滞销品的淘汰。

（4）组织管理

店长要具备组织管理的能力，有效地汇集各部门的能量，从而充分发挥整体效能。

①做好门店各个部门的分工管理工作。

②对店员的管理。

a. 负责对职工考勤、仪容，仪表和服务规范执行情况的管理。

b. 负责对员工的培训教育。

c. 负责对职工人事考核、职工提升、降级和调动的建议。

③对店员的业务操作进行监督和指导。

a. 监督和审查门店会计、收银和报表制作、账务处理等作业。

b. 监督和检查理货员、服务员及其他人员作业。

（5）管理报表分析

在现代化的零售业中均运用 POS 系统来管理门店，使店长能够及时得到门店经营状况的信息资料。店长要对这些信息资料进行分析研究，做出改进经营的对策。信息资料有销售额日报表、商品销售排行表、促销效果表、费用明细表、盘点记录表、损益表、顾客意见表等。

（6）公共管理

①向属地顾客做好店铺的自我宣传。

②妥善处理顾客投诉和服务工作中所发生的各种矛盾。

③店长要站在顾客的角度耐心听取顾客意见，对顾客表示感谢和道歉，并提出妥善解决的方法。店长要经常教育全体员工认真对待顾客的投诉意见，因为这些问题直接关系到企业的信誉和店铺的形象。

④做好与门店周围社区的各项协调工作。

⑤积极参加所在社区的各项公益活动，与周围的部门、单位、学校、团体保持经常性的交流和和睦友好的关系。

（7）店铺设备及环境清洁、卫生的管理

①掌握门店各种设备的维护保养知识

②监督门店内外的清洁卫生，负责保卫、防火等作业管理

2. 副店长

便利店在店铺规模较大的情况下，应配备副店长。副店长作为店长的助手，

其作用与职责主要表现以下三个方面。

（1）店长助理

店铺的整体工作计划制定以后，需要副店长协助店长按照计划深入到各个具体环节中，细致地逐项落实，并且检查实际效果，做到拾遗补缺。

（2）代理店长

店长因事外出或不在店内时，由副店长代行店长的职责，全面负责店铺工作。

（3）实习店长

总部应该有意识地安排一批副店长熟悉并掌握店长的全面工作，为今后企业的发展培养后备经营管理人才。

三、其他岗位职责

便利商店其他岗位有收银员、理货员、验收员、门店会计等。由于便利商店门店店员较少，许多岗位都存在相互兼任的情况。

1．收银员

收银员具有熟悉商品的货区、商品基本价位、收银业务、结算小票管理业务、收集和提供商品销售信息、顾客信息、退货处理以及收银台安全等职责。

2．理货员

（1）理货员职责

理货员是便利店中从事商品整理、清洁、补充、标价、盘点等工作的人员。门店理货员职责是巡视货场，耐心解答顾客的提问，对所属货区商品的保质期心中有数，熟悉所负责商品范围内商品名称、规格、用途和保质期，掌握商品标价的知识，正确标识价格，掌握商品的陈列原则和方法、技巧，正确进行商品陈列，保证商品安全。

（2）作业内容

①领货作业

营业中陈列架上的商品在不断减少，理货员就必须及时从库内领货来补充货架商品。在进行领货作业时，应注意：

a．领货时必须有领货单。

b．领货单上要写明商品的大类、品种、货名、数量和单价。

c. 对内库管理员提供的商品，按领货单的款项逐一核对，以防出现提错货物现象。

②补货作业

理货员将标好的商品依照商品各自规定的陈列位置，定时或不定时地将商品补充到货架上的作业。理货员补货时应做到：

a. 定时补货：在非营业高峰期的补货。

b. 不定时补货：只要货架上的商品即将售完，就立即补货，以免造成缺货，影响销售，而且补货作业不能影响顾客购买。

c. 核对卡、货：先检查需补货的陈列架前的价目卡是否和将补上去的商品一致。

d. 补货做到商品先进先出：补货时将原商品取下，然后打扫陈列架，将补充的新货放在里面，再把原架上的商品放在前列，做到商品陈列先进先出。

e. 控制特殊商品：对冷冻食品和生鲜食品的补充要进行时间段投放量的控制。这要根据每天销售量和销售高峰来具体确定。

f. 理货员除了领货、标价、补货之外，还肩负着盘点作业。

③商品标价

便利店属于开架自选销售，为方便顾客挑选和收银员记价收款，出售的每一件商品都要标上价格标签。

a. 价格标签打贴时位置要一致，以方便选购、定向扫描和收银计价。

b. 标价前要核对商品的代号和售价，核对进货单和陈列架上的价格卡，调整好打价机上的数码。

c. 妥善保管价格标签纸，以防止个别顾客偷换标签（以低价格标签贴在高价格商品上），通常可选用仅能一次使用的折线标签纸。

d. 商品价格调整时，如价格调高，则要将原价格标签纸去掉，重新进行打价，以免顾客产生抗衡心理。如价格调低，可将新标价打在原标价之上。每一个商品上不可有不同的两个价格标签，这样会招来不必要的麻烦和争议，也往往会导致收银作业的错误。

④商品陈列

商品陈列作业是指理货员根据商品配置表的具体要求，将规定数量的已标好价格的商品，摆设在规定货架的相应位置。

⑤商品整理和检查

a. 清洁商品。这是商品能卖出去的前提条件，所以理货员在巡视时手中的抹布是不能离手的，抹布就像士兵手中的枪一样重要。

b. 做好商品的前进陈列。即当前面一堆的商品出现空缺时，要将后面的商品移到空缺处去，商品朝前陈列，这样既能体现商品陈列的丰富感，又符合了商品陈列先进先出的原则。

c. 检查商品的质量。如发现商品变质、破包或超过保质期应立即从货架上撤下。

⑥商情反馈

理货员应该及时记录顾客的合理化建议，并向店长汇报。

3. 其他岗位

（1）验收员

验收员的职责主要是严格商品验收。商品验收是确认检查商品质量、审核商品产地、生产日期、发货时间、数量、价格、品种等的环节，因此，门店验收人员应手持送货单、发票或收据与送货人员逐一逐项清点，减少事后因退货或其他原因造成的浪费，避免以后发生不必要的争执。

（2）门店会计

门店会计要执行公司财务部对门店的财务管理；准确、真实、及时地向财务部上交门店各种报表，对报表的数据进行汇报、分析和处理。

任务二　销售数据分析

知识目标

掌握便利店经营中的销售数据数据方法。

知识要点

一、表单管理目的

近年来，我国现代化商业发展很快，其标志之一便是连锁便利店获得蓬勃发展，并成为未来一种新型商业发展的模式。连锁便利店的经营优势十分明显，而要抓好管理却不是一件轻而易举的事，其中简单化、明文化、专业化与标准化是表单管理必须遵守的四大原则。

作业流程简单化是指尽量简化不必要的报表和事物流程，以提高工作效率；制度规章明文化是指工作说明书、工作手册及作业要领条理化，以缩短新进人员摸索期，降低培训成本，积累企业经营管理技术经验，促进企业内部沟通和外部服务水准的一致性；专业化与标准化指无论是采购、定货还是收付作业，均需建立一定的标准程序，并根据流通业高流动率、人力短缺的行业特点，建立与之相匹配的经营模式。

表单的使用与管理是推进简单化、明文化、专业化与标准化四大经营原则的工具，便利商店依照表单的使用与管理，进一步掌握经营的现状、发生的问题及未来的趋势。一家便利商店经营管理优良与否，往往可以从表单的流程、实际填写的内容、签核的层次上显现出来。因此，便利商店在进行内部管理时，严格业务流程与表单规范化操作，往往能及时发现问题，掌握重点。

表单的使用与管理是便利商店现代化经营的基础，因此，将申请、审核、使用、归档等操作流程环环相扣，明确经营与管理人员的权力与责任，显得格外重要。

表单的使用与管理一般应掌握以下几个原则：

（1）必要性：针对现有表单或即将付诸使用的表单，检验其必要性和使用目的。

（2）明确的目的：如表单使用的目的不明确，则其设计、流程及所提供的资讯会产生偏颇。若被误用或因员工的流动，而使表单的填写徒具格式、敷衍了事，则丧失了表单的功能。因此，使用表单应有很明确的目的，例如，月销售计划书，其目的是帮助控制目标完成率，并可及时反馈每天的营业状况，如来客数、客单价、平均购买点数、营业额，以便采取应变的措施和行动。

（3）相同性质的表单应合并，不要重复、造成不必要的浪费。

（4）表单的流程需合理化和简单化。表单的流程涉及各部门的处理情况，因此，表单流程的合理化、效率化问题自然显得十分重要。便利商店应针对流程的目的、使用人、场所、方法、时间等不同情况，尽可能使表单达到合理化、简单化目的。

（5）表单的设计、使用联数及印刷需符合效率与经济的原则。为了使表单的设计与内容符合效率与经济原则，需注意以下三个方面的内容：

①表单内的资料与数据尽可能详尽，能够满足表单使用的目的。

②表单的设计以及所填写的内容必须让使用者感到方便并乐意接受，让表单作为经营管理者分析问题和进行决策的基础。

③表单的制作印刷应采用正确的规格和纸质，联数应满足传达资讯、监控管理及保存的目的，印刷字迹要清楚，空格要恰当。

二、表单管理职责

由于表单的基本功能为传递信息、处理及保存资讯，因此，在便利商店业务营运体系中，各个部门因不同的功能和需求，都有可能成为表单的制造者、使用者和保管者。

有效的表单有助于建立健全报告、控制及授权制度，但是设计低劣或多余的表单，只会增加工作负荷，浪费公司资源，让员工对公司报表产生抗拒心理，造成资讯的品质难以掌握，同时企业决策的质量也深受其影响。所以，企业运作切不可因小失大，应正视表单管理问题，指定专职部门或专人，明确职责和权限来统筹表单的运用和管理，让表单的作用完全发挥。

1．表单管理部门或专人负责表单管理事宜

便利商店体系由于受营业时间长，每班人数极少的限制，因此表单应尽量简化。最佳的表单产生方式应是在收银的过程中，已将相关资料输入电脑，由电脑来产生或制造必要数额表单，传达正确而及时的资讯。因此，在已采用现代化、自动化作业的便利商店体系中，电脑部门的专人常是表单管理的负责人。

但是，若电脑化环境尚未能达到前述理想状态时，大型连锁系统多指定电脑室或企划室负责表单的管理工作。小型连锁系统则多由管理部经理负责，至于独立店的负责人，本身可能同时集表单的制作、使用和保管三种角色于一身。

2．明确的职责

为了让表单管理部门或专人能充分行使控制和管理表单的责权，作为经营管理者应明确规定他们的职责，使其有章可循，认真落实表单每一项作业内容。

经表单管理部门核准、正式使用并赋予编号的表单一般为正式表单，因特殊用途而使用的暂时性表单为临时表单。表单管理职责内容如下：

①表单新设、修改及废止的受理与审核，有关表单的内容、格式、流程、联数等，都应符合表单设计原则与使用目的。

②表单管理序号的编订、月需求量及保存期的核订。

③正式表单样本清册的装订及保管。

④正式表单运用及保存的跟踪及检验。

⑤临时表单使用的检验与管制。

三、表单使用流程

表单的申请、审核、使用、维护与归档，均应明文规定，建立标准流程。

1. 表单的申请与审核

（1）无论表单的新设、修改或废止，申请部门均应填写"新设（修改、废止）表单"一式两联，并附上新（旧）表单及流程图各两份，呈主管核实后送表单管理部门或专人审核。

（2）表单管理部门或专人接到"新设（修改、废止）表单申请表"及其附件时，应于一定的时间内，依下列规定办理审核作业：由主办人员审查其格式内容，并与有关部门协调，呈主管核准后，将新设、修改或废止后的表单名称、编号、联份数、规格、实施或废止日期、月需求量及保存期限等资料，登记于"表单目录"，以供日后查询参考。

（3）表单申请、审核流程图。

2. 表单的采购、印刷及保管

（1）采购部门应依"新设（修改、废止）表单申请表"的内容，办理采购或印刷。采购部门应开立"采购单"，送采购部门依照表单月需求来设定存量管制基准，办理采购。

（2）表单的印刷。

表单印刷费的节约方法主要有以下几种：①合并相同的表单；②减少太多副本联数的印刷；③合适的印刷方法。上述第①、②项需健全表单管理系统及工作流程；第③项经主管核准后，将新设、修改或废止后的的表单名称、编号、联份数、规格、实施或废止日期、月需要量及保存期限等资料登记于"表单目录"，以供日后查询参考。

（3）表单申请、审核流程图表。

3. 表单样本清册的整理

（1）表单管理部门应指定专人，按下列规定，整理表单样本清册。

①将表单样本及流程图，按表单编号顺序装订成册，如表单数量太多，则按表单编号类别分册装订。

②表单样本清册应按表单编号顺序编制"表单目录"，以便编号查阅。

③表单目录每年应至少整理与更换一次。

（2）表单管理部门的表单样本清册，应包括全公司所有表单。

4. 表单的管理检验

（1）表单的使用情形，由使用部门依其实际需要检验，并随时提出改善。

（2）为了使各部门能按规定使用各项表单，表单管理部门应不定期检查各部门使用表单情况，一般来说每年不少于两次。

（3）检验表单时，若发现有不适用者，应立即修正，并按表单的申请与审核规定办理。

5. 表单的保存期限

表单的保存期限是指表单的存档部门对有效期限已过（如合约）或已结案表单的保存期限。对于先行表单，申请部门应按规定期限保存，并于"新设（修改、废止）表单申请表"中列明核准后，加以办理。详见表5-1、表5-2和表5-3。

表5-1　新设（修改、废止）表单申请表

申请部门：　　　　部　　　　　　　　　　　　　　　　年　　月　　日

新设	名称				会签部门		
	编号		月需要量				
	规格		主办部门表单保存期限				
	纸质		预定实施年月	年　　月			
修改	联数	每份联	废止表单名称及编号			主管	经办
	记入面						

续表

说明	1. 附表单格式　　份 　　流程图　　份 2. 旧表单库存　　份，呈准实施后 立即停止使用 加以修改继续使用 用完以后再用新表	管理部门	审核意见	
			主管核示	
主办		经办	核示	

表 5 - 2　表单目录

类别：_____

项次	表单编号	表单名称	联（份）数	规格	生效日期			申请部门	月需要量（份）	保存期限（年）	备注
					新设	修改	废止				
											·

表 5 - 3　表单申请、审核流程图

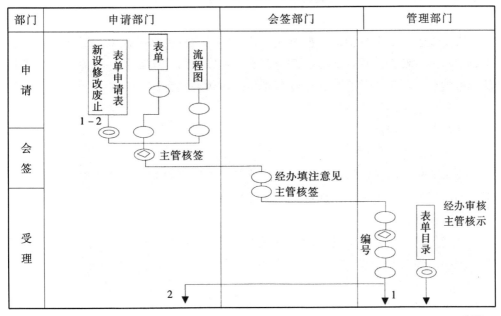

四、便利商店常用表单

便利商店所用的表单相当多，将便利商店常用表单按照营业类、商品毛利类、费用类、损益类及检验类，说明如下。

1. 营业类

（1）日营业时段估算表

将每日营业时间以1小时为单位，分段统计累计营业实绩和累计营业目标的差异，按照各时段实际营业额占日营业目标额的比重，了解当日剩余营业时间是否应采取必要措施，作为日常排班及人力需求、商品调度的依据。

（2）月销售计划表/日营业计划表

此表主要目的是掌握便利商店每月、每日的营业状况及年度目标完成率，以了解销售和所设定的营业目标及毛利目标的差异，表明和去年同期相比较来客数、单价、平均购买点数及备注特殊时间的说明，找出问题点，及时采取业绩提升措施，如促销活动等。进一步进行销售预测差异分析，修正原有预测模式。

（3）店别营业趋势表

将各店月营业额、日平均营业额、日平均来客数、单价、每人平均购买点数、每点的价值加以统计，连同上月的营业成长率和店预算完成率，掌握商店营业趋势，判断为成长店或衰退店，以深入了解原因，采取对策。

（4）各月份促销活动计划表

将年度各月份促销活动按照节庆、重点商品、特色商品促销、活动时间、运用媒体、预算费用、预估成效、配合厂商等加以规划，让商品部、促销部及营业部形成共识，进行团队合作，达到预期的促销效果和目标。

（5）店别商品效率统计表

计算各店的商品毛利率、周转率。

（6）进货签收单

写明货号、品名、进货单价、进货总额、零售价和零售总额、单据号码、进货日期、厂商名称等，一式两联，形成进货验收的功能。

（7）退货签收单

写明货号、品名、退货单价、退货数量、退货总额等资讯，一式两联作为将来货款扣抵的依据。

（8）价格变动表

写明日期、品名、变价理由、原单价、新单价、变价额、数量，使商品在调价时有依据，并可维持价格弹性。

（9）现金日报表

统计每日现金收入和支出情形，达到现金管理的目的。

（10）交班报告表

为控制班与班的交接事项，明确划分各班收入金额与商品责任，并掌握特殊设备状况、加强人员管理而设计的表单。

（11）报废明细表

主要目的在于记录报废原因，进行报废品管制，以便商品库存管理及损耗控制。

2. 商品毛利类

（1）新品开发引进评估表

将新商品按毛利率、进退货自由度、市场竞争力（主要为价格竞争力）、广告密集度预算、厂商赞助能力等，加以评分，作为新商品开发引进的依据。

（2）商品类别销售比及毛利率统计表

将商品按其部门分类计算其销售比（部门类别商品销售额/总销售额）、毛利率及贡献比（部门类别商品销售比×毛利率），并观察其销售比和毛利率上升或下降的趋势，以此作为商品企划及采购的依据。

3. 费用类

（1）月营业费用比较表

将营业费用按科目类别分类，统计各科目费用占总费用之百分比；再与上月相比较，找出其差异，并分析费用是否为上升或下降倾向，在备注栏写明费用增加原因，成为营业费用控制的依据。

（2）年度店本部营业费用明细表

将各店和本部营业费用，依费用科目包括人事费用、推销费用、管理费用三大部分所占销售额之比率，寻找差异原因加以改善，以降低营业费用。

4. 损益类

（1）新店损益评估标准表

新店损益标准评估在不同标准与固定费用下，欲达损益平衡所需达到的月营业额、日营业额、毛利率及毛利额，并划分目标达到的责任单位。

（2）店别损益检验表

按损益项目统计各店预算与实绩，找出两者之间差异，加以改善。

5．检验类

将店长业务按开店前、开店中和关店后三个时段划分，并根据类别建立检验标准。店长每日需按此检验表的标准，逐条检查是否合格。

表单样式详见表5-4～表5-11。

表5-4 日营业时段估算表

时间 \ 项目	实际		目标		金额差异
	累计金额（万元）	各小时比重（%）	累计金额（万元）	各小时比重（%）	
10：00	4	7.7	3	5.8	—1
11：00	7	5.8	7	7.7	—0
12：00	1	7.7	12	9.6	—1
13：00	16	9.6	17	9.6	—1
14：00	20	7.7	22	9.6	—2
15：00	13	5.8	16	7.7	—3
16：00	18	9.6	30	7.7	—2
17：00	32	7.7	35	9.6	—3
18：00	39	13.5	42	13.5	—3
19：00	42	5.8	47	9.6	—5
30：00	45	5.8	51	7.7	—6
21：00	49	70.	55	7.7	—6
22：00	52	5.8	58	5.8	—6

表 5-5 进货签收单

统一编号：（　　） 厂商名称： 厂商地址： 电话：（　　） 传真：（　　）	采购进货单 分店名称： 联络电话：（　　）　— 地址：	采购单号： 部门别： 订购日期： ／ ／ 交货日期： ／ ／ 有效日期： ／ ／

条码编号 管理号码	商品名称/规格	包装数 单　位	项号	订购量	实收量	进单价 进货小计	折扣	售单价 售价小计	赠品	备注
			001							
			002							
			003							
			004							
			005							
			006							
			007							
			008							
			009							
采购单批号：	付款条件：	凭证：	总金额							
			折扣1							
			折扣2							
			税额							
			合计							
			更正区							

主管：　　　　　　主办：　　　　　　　　　　　　　　验收：

表5-6 退货签收单

统一编号:( ) 厂商名称: 厂商地址: 电话:( ) 传真:( )	退货单 分店名称: 联络电话:( ) 地址:	退货单号: 部门别: 退货日期: / /

条码编号 管理号码	商品名称/规格	包装数 单 位	项 号	订购量	实收量	进单价 进货小计	折 扣	售单价 售价小计	赠 品	备 注
			001							
			002							
			003							
			004							
			005							
			006							
			007							
			008							
			009							

采购单批号:	付款条件:	凭证:	总金额			
备注: 退货原因:(1)品质不良 (2)过期 (3)破损 (4)滞销 (5)腐败 (6)结束营业 (7)换季 (0)其他			折扣1			
			折扣2			
			税额			
			合计			
			更正区			

主管: 主办: 验收:

表5-7　价格变动表

统一编号：										/

厂商名称：　　　　　　　　　　变价/缺货通知单　　　　　　通知单号：

厂商地址：　　　　　　　发件单位：　　　　　　　　　通知日期：　/　/

　　　　　　　　　　　　发件单位

电话：（　　　）

传真：（　　　）　　　　　　电话：（　　　）

条码编号 / 管理号码	商品名称/规格	包装数 单位	项号	原进价	新进价	生效日期	失效日期	原因	备注
			001						
			002						
			003						
			004						
			005						
			006						
			007						
			008						
			009						
			010						

备注：变价原因：（11）特卖（12）预报（13）厂商变价（14）节庆（10）其他

　　　缺货原因：（21）停产（22）减产（23）品质不良（24）季节变换（20）其他

　　　　　　　　　　　　　　　　　　　统一编号：05115966

表 5-8 现金日报表

项目		第一台	第二台	第三台
今日结账数	X			
昨日结账数	Y			
当日结账数	C＝X－Y			
退品	D1			
误打	D2			
销货退回	D3			
自用商品	D4			
减项小计	D＝D1＋…D4			
非营业收入	E			
应有现金	F＝C－D＋E			
现金进货	G1			
交通费	G2			
水电费	G3			
税项	G4			
兑换券	G5			
汇款支出	G6			
银行存款	G7			
	G8			
	G9			
现金支	G＝G1＋…＋G9			
本日保留现金	H1			
昨日保留现金	H2			
实际现金	I＝G＋H1－H2			
差额	J＝I－F			

本日来客数＝Q－（D2＋D3 次数）＝　　　人

本日客单价＝C－（D2＋D3 金额）/本日来客数＝　　　元

店主：　　　　　　　　　店长：

表 5 - 9　交班报告表

日期：		班别：		上班时间：			下班时间：	
员工签名：				商店代号				
超打登记栏				本班累计金额				
	金额	税金	总计	前班累计金额				
1				减去超打金额				
2				（A）本班收银机收入				
3				存入保险箱金额（中途站收金额）				
					1		8	
顾客退款		现金支出			2		9	
项目	金额	项目	金额		3		10	
					4		11	
					5		12	
					6		13	
合计		合计			7		14	
特定货品存货记录				中途暂收金额合计				
项目品项				现金支出				
前班存货数				顾客退款				
本班进货数								
本班销货数				（B）本班收入总额				
本班存货数				（A）～（B）现金短溢				
项目品项				冷藏（冻）柜温度（C）				
前班存货数				冷藏柜				
本班进货数				冷藏柜				
本班销货数				冰柜				
本班存货数								

表 5－10　报废明细表

店名：_____　月份页数：_____　　　　　　　　　　　页数_____

报废日期	报废原因	数量	零售价	小计	报废申请人	店长核定	备注
报废零售总额：							

表 5－11　新品开发引进评估表

品名：　　　　　　货号：　　　　　　厂商：			
毛利率	*酒类 8％以下　……1分 8％～10％，……2分 11％～15％　……3分 15％以上　……4分	*一般商品类 15％以下　……1分 16％～20％　……2分 21％～25％　……3分 25％以上　……4分	*特殊商品类 21％，以下　……1分 20％～25％　……2分 26％～30％　……3分 31％以上　……4分
进退货	*进货 自行配送　　　……1分 自行订货　　　……2分 指定配送　　　……3分 直接配送　　　……4分	*退货 不可退货　　　……1分 有限退（换）货　……2分 可换货　　　　……3分 可退货　　　　……4分	
市场竞争力	*超市差价幅度 －10％以下　……1分 －9％～0　……2分 1％～5％　……3分 5％以上　……4分	*一般零售店差价幅度 －5％以下　……1分 －5％～0　……2分 1％～10％，……3分 10％以上　……4分	*便利商店差价幅度 －5％以下　……1分 －5％～0　……2分 1％～10％　……3分 10％以上　……4分
广告	*媒体 宣传单　……1分 广播　……2分 报纸　……3分 电视　……4分	*预算 10万元以下　……1分 11万～50万元……2分 51万～100万元……3分 100万元以上　……4分	*时间 不定　　　……1分 1～2周　……2分 3～4周　……3分 5周以上　……4分

续表

品名：		货号：		厂商：	
赞助能力	*年度销售贩卖折扣 1％～2％　……1分 2％～3％　……2分 3％～4％　……3分 5％以上　……4分		*预算 10万元以下　……1分 11万～50万元　……2分 51万元～100万元 　　　　　……3分 100万元以上　……4分		*时间 不定　……1分 1～2周　……2分 3～4周　……3分 5周以上　……4分
总分					
说明：1. 30分以下，不考虑进货 　　　2. 30分以上，同意进货试卖			主办：　　　　主管： 日期：　　年　　月　　日		

总而言之，便利店经营管理是否优良，往往可以从表单流程中做出判断。因此，表单是便利店评估的重要依据。

便利店以人事精简为原则，所以表单种类与内容应力求简化，并要求掌握其必要性、明确目标、相同性质者合并、合理流程、经济效益等五大原则。为了加强表单管理，对表单的申请、审核、使用、维护及归档，均应做出明文规定，并建立标准流程。只有这样，便利店才能发挥表单的功能与作用，提高工作效率。

任务三　促销管理

知识目标

掌握便利店经营中的商品促销管理方法。

知识要点

促销（promotion）狭义是指销售促进（sales promotion），即短期的宣传行为，目的是鼓励购买的积极性，或宣传一件产品、提供一种服务，不含广告（advertising），公共关系（public relation）等。广义是指利用各种沟通方式向人们就一个组织或个人的物品、服务、形象、观念、社区义务或对社会的影响等进行通告、说服或提示。

在竞争日益激烈的今天，促销已成为企业整体市场营销的重要组成部分。企业能否与顾客保持广泛的、迅速的和连续的信息沟通，能否对其目标顾客进行有效的说服性沟通活动，将直接影响整个市场营销决策的效果。

一、促销管理

企业要想取得较好的促销效果，必须按照促销管理步骤来实施促销活动。

1. 制定促销目标

一般来讲，在开展促销活动时，商店总会确定其目标。有时商店促销目的只是单纯的一个，有时是多重目的的组合。促销目标一般是受企业市场营销总目标所制约的，但一般促销的目的不外乎以下几点：

（1）增加客流量

促销的最大目的是吸引客潮，增加客流量。客流量是商店运营所注重的重要指标之一。零售商店运营，首先要有顾客上门，才可能有营业额，特别是对于便利商店而言，其商品追求高周转率，客流量就更为重要。促销首先是让消费者了解促销信息后，来店进行消费。一般来说，顾客上门之后，会有一定比率的消费者进行购买，以满足其购买欲望。

（2）提高单客消费额

人们在便利商店的消费水平一般较低，每笔交易的额度较低。并且客流量由于商业圈的特点，在短时间内无法通过促销来增加，促销活动一般以提高单客购买额为目的，来制定促销计划。

（3）商品宣传

一般在新商品推出时，商家和厂商会联合进行促销来推动商品进入市场。

（4）减少商品库存

许多商品由于换季、临近过期、新商品开发失败等原因导致大量存货，可以通过促销降价的方式尽快处理。

（5）应对外来竞争

商店有时由于竞争压力而不得不采取促销行动。便利商店的商品大多雷同，价格差异不大，在竞争优势较小的时候，商店一般会采用促销的方式来吸引客源，面对竞争。

（6）树立企业形象

狭义的促销活动一般是为了提高商店的营业额或毛利率等经营业绩，但是广义的促销还包括公共关系和提高企业形象的目的。例如参加或举办公益活动、进行赠送活动等。

（7）其他

商店有时为了配合一些纪念活动及传统节庆等，也会开展促销活动。

2. 促销预算

商店在制定促销决策时，首先会遇到两个主要问题：一是投资多少来进行促销活动；二是这些投资应如何在众多的促销工具之间合理分配。

对于一个现代企业来讲，问题不在于是否应进行促销活动，而是应该花多少钱来进行沟通和促销活动，这需要与企业整体营销组合决策相配合。如果用于促销的支出比用于产品开发、降低售价、改进分销渠道等方面更有效，那么促销支出就可以多一些，否则，就应少一些。

便利商店促销预算通常有以下方法。

（1）销售额比率法

商店将促销预算同销售收入联系起来，确定促销费用与销售额之间的比率，按照年度销售目标来确定促销预算，并按月销售额分配至各月。此方法的优点是以销售额为基点，有适应性，将收益和促销挂钩，简单明确，容易控制。缺点是缺乏弹性，没有考虑促销目标。

（2）定额法

商店直接提供一笔固定的费用进行预算。优点是简单，缺点是预算额基本上与促销目标无关。

（3）渐增法

商店根据上一次预算来作出新的预算。优点是有参照点，计算容易。但是预算额基本上与促销目标无关，过于"凭感觉"。

（4）竞争对等法

商店的促销预算根据竞争对手的动静或增或减。优点是预算紧扣参照点，市场取向，比较谨慎。缺点是很难了解竞争者的促销资料，前提是商店和竞争店的背景情形有相似性。

（5）逆推法

商家先制订促销活动，然后估算所需花费费用，即为促销费用。优点是较能符合实际活动，而缺点是促销费用容易浪费并且难控制。

一般来讲，在下述情况下，促销活动比其他市场营销活动具有更大的作用，可适当增加促销预算：当竞争者产品相似、市场领导者有意在顾客心理上造成差异印象时，应大规模进行促销活动，争取主动；在产品生命周期的介绍期，需要企业进行大规模的促销活动来介绍产品并引起购买者的兴趣；在成熟期，也要多采取促销措施来维持自己的市场份额。

3．制定促销计划

在确立了促销预算之后，商店必须根据要达成的促销目标，制订出促销计划，包括选择促销手段、设计促销方案。

（1）选择促销手段

一个特定的促销目标可以采用多种手段来实现，所以应对多种促销手段进行比较选择和优化组合，以实现最优的促销效益。便利商店促销在选择促销手段时应考虑以下因素：

①消费者特点。消费者的购买行为通常在购买频次和时间选择上一般有规律性，但是在购买形态上，大多数的消费者属于冲动购买型。所以如何在特定的期间安排促销活动，增加消费者的购买种类，提高单客购买额，是商家必须考虑的。

②了解促销要素。消费者的购买行为深受一些因素影响，比如季节、天气、节日、商品、促销主题、宣传媒体等。

③竞争情况。应根据商店自身在竞争中所具有的实力、条件、优势与劣势以及外部环境中竞争者的数量、实力、竞争策略等的影响，选择最适合于自己的、最有效的促销手段。

④促销费用。一般在制订促销计划时，要以促销预算为前提，选择促销手段。

可供便利商店选择的促销手段包括样品、赠券、现金偿还、价格包装、奖励、折价、抽奖和游戏活动等。

（2）设计促销方案

①确定促销规模。一般促销活动的规模，要根据费用与效果的最优比例来确定。要获得促销的成功，关键是找出最佳的规模。一般来说，一定的规模才能使促销活动引起足够的注意；但超过一定水平时，较大的规模以递减率的形式增加销售反应。所以营销人员要通过考察销售和成本增加相对比率来确定最佳规模。

②明确促销对象。选择对象的正确与否会直接影响促销的最终效果。商店在选择激励对象时，要尽量限制那些不可能成长为长期顾客的人参加。当然，限制面不能太宽，否则又会导致只有大部分品牌忠诚者或喜好优待的消费者才有可能参与，不利于目标顾客的范围扩大。

③确定促销主题。

④活动方式。企业要根据激励对象，以及每一种渠道方法的成本和效率来选择活动方式。

⑤活动时间和期限。任何促销方式，在实行时都必须规定一定的期限，不宜过长或过短。具体的活动期限应综合考虑商品的特点、消费者购买习惯、促销目标、竞争者策略及其他因素，按照实际需求而定。

⑥时机选择。一般来讲，销售促进时机的选择应根据消费需求时间的特点结合总的市场营销战略来定。

⑦预算分配。

⑧媒体选择。便利商店使用的促销媒体很多，并且变化很大，不过主要的媒体种类有电视、报纸、广播、宣传车、车厢广告、海报、POP等。

4. 实施并评价

（1）促销实施

在制定好促销计划后，商店根据促销方案通知各有关部门配合给予执行。

（2）促销评价

便利商店在评估对促销活动的效果时，可用四种方法进行测定：销售绩效分析、消费者固定样本数据分析、消费者调查和实验研究。

促销结果的分析，有助于提升日后举办同类活动的效果，所以不能待促销活动结束后，就万事大吉，置之不理。应该召集营业、商品、促销等部门有关人员，就实施效果与目标差异作分析，检讨得失，并作为下次促销活动改进的参考。

一般来说，实际效果在目标95％～105％之间的，就是正常的表现，如果在目标105％以上，说明取得良好表现，而在95％，则有待改进。具体效果可以根据以下公式加以评价：

促销期间增加的营业额×平均毛利率－当次促销活动费用额

＝促销期间增加毛利额－当次促销活动费用额

＝增加利润额

若增加利润额≥0，表示此次促销成功有效。

若增加利润额＜0，表示此次促销效果差，应该加以检讨找出原因，以作为下次促销活动的改进参考。

二、促销种类与方法

现实市场实践中，便利店促销活动的表现形式令人眼花缭乱，其中不乏盲目性促销。一个促销活动的最终效果如何，首先需要一个清晰的设计过程，而促销方案设计的基础工作，是根据企业的自身状况，结合市场营销环境进行分析。其中重要的一环是促销方案设计人员必须熟悉促销活动的分类方法，只有这样才能设计出有针对性和差异性的促销方案，从而提高成功率。

促销活动的分类方法很多，下面介绍几种较为常用的促销种类和实施方法，并分析其优缺点，作为便利商店经营者参考。

1. 优待券（coupon）

这是运用较为广泛、成效最显著的促销方式之一。零售商在商店入口处放置或在报刊上刊登购物优惠券，顾客只需持券前往商店购物，就可享受一定价格优惠。有的商店为了扩大销售，甚至将优惠券送到顾客家门口或投入其信箱内。

优点：无论是旧商品还是新上市商品，运用优待券促销，都能刺激消费者的试用；运用优待券，常可使商品试用者转变为长期的忠实用户；可以迅速递送到大多数潜在顾客和现有顾客手中；可以增加消费群的购买量，提高营业额；可以吸引消费者购买更大量或更高价格的商品；可以推动消费者尽快前去兑换。

缺点：商店在优待券兑换时容易出现误兑、拒兑或拖延兑换的情况；市场反应较难预测，导致经费预算和分配在初期很难定案；新产品、不具备知名度的产品实施该法的效果差。

促销原则：

（1）信息明确：优待券的制作要与促销主题密切联系，向消费者明确传达其要表明的信息，例如优待的商品、折价金额、兑换地点、兑换期限等。优待券在内容说明上要清楚简捷，明白易读。

（2）兑换：商品优待券的兑换率是促销活动中难确定的数据，它直接关系到促销成本。我们一般只能运用一般常规、"经验法则"和以往经验来确定。影响兑换率的主要因素有递送方式、优待券面值、优待券广告设计与表现等。

（3）费用：计算优待券回收成本比较容易，只需考虑优待券实际发生费用

（例如广告费用、印刷费用、发行费用等）和可能发生的费用（发行面值和兑换率等）。

便利商店在经营中，可以配合供应厂商发行优待券来做促销，在自己开展这项活动时也可寻求供应厂商的支持。

2. 抽奖活动

抽奖活动一般是利用消费者的"赌性"，以奖品的形式来刺激消费者的兴趣和好奇心，来提高某种商品的销售额或商店的知名度。一般来说，商店会提供比实际支出金额更多的优惠。抽奖活动常常要求消费者购买特定商品一定数量或金额、回答一些特定的问题并答对的才有资格参加。所以参加者一般要先了解该商品的广告，才能得出符合条件的答案。

优点：可以扩大、建立或强化商品形象；常能达成目标顾客阅读广告，引起注意的目的；适于针对特定目标市场进行直接的广告和促销诉求；有时可吸引消费者的试用或光临。

缺点：抽奖活动不一定会让销售业绩突增，但可树立商店形象；此类活动经常招引许多职业参与者；通常需要大量的媒体经费；缺乏一套正确的事前测试方法，唯有依据以往经验或判断执行；政府一般都有相应规章条款加以限制，特别是对于抽奖额和促销商品的比例进行限制。

促销原则：

（1）奖品：奖品和奖品组合的诀窍是活动成败的关键。一般来说，奖品组合均采用金字塔形，另外，大多数消费者对于现金奖品或赠品较感兴趣。

（2）费用：在策划抽奖活动时，费用的估算包括奖品的费用、推广活动的媒体发布费、印刷等辅助费用、活动费用以及其他开支（如税金、保险费、公证费等法定开销）。

（3）规则制定：抽奖活动要有一个清晰、易懂的活动规则，这是成功的主要因素之一，包括活动截止日期、评选方法、参加的条件、奖品及奖额、评选机构、奖品兑领方式等。

3. 积分券

积分券是指顾客在每次购物，会得到一张打印成印花票形式的付款凭证，顾客如果把这种印花票积攒到一定数量或一定金额，便可以得到商店一定的折扣或回赠礼品，这种形式主要是用来吸引长期回头客。通常连续性的赠送方式需要花较长的时间来执行。

优点：在同类同级品中可创造出产品的差异化；低成本的促销，可取代高预算的广告；可以增加消费者的购买，提高单客购买额。

缺点：通常活动必须花相当长的一段时间来执行；对于便利商店的消费者而言，不具吸引力，因为大多顾客需要的是"立即的满足"；此活动使商品单独陈列的机会较少；该项活动对非经常性购买的商品没有效果。此类活动往往十分复杂，最好能获得专家的支持，在策划此项活动时，要充分考虑举办的时间、赠品的数量和花费以及取得的条件。

4. 免费赠品或样品

便利商店可根据顾客当天购物的金额，分送不同等级的礼品。这种附赠品一般价格都较低，但却很实用，如茶杯、碗碟等。当然使用较多的是制造厂商在促销产品时，特别是在新产品上市时。

优点：运用弹性大，对象可选择性高；能提供快速的商品信息，并可产生购买的立即反应；吸引试用的费用较低，一般是由厂商提供。

缺点：一般适用于大众化的消费性商品；经济效益偏低；赠品或样品分发难以控制。

5. 折价优待

折价优待的含义就是降低商品售价，也就是说制造商或零售商减低自己的利润，来刺激消费者的购买。大部分厂商通过折价优待来掌握既有消费群，或用来抵制竞争者的活动。当然，商品随意降价后会导致很难恢复至原价位。

优点：可以吸引消费者购买，而对于老顾客来说是回馈的一种形式；鼓励消费者大量购买来抵消竞争者的活动；让初次使用者通过折价优待而产生购买行为；让消费者确实得到减价的好处；可通过促进销售的方法维护商家的既得利益；是加速销售提升的有效武器。

缺点：对于正在走下坡路的商品或商店，只能短暂地使其销售回升，却无法解决根本的问题；不能建立消费者的忠诚度；经常举办折价优待会减损商品的价值感；对于吸引初次购买者的效果不及其他促销方式；对于低市场占有率的商品来说，一般需要较高的折价优待。

6. 加量不加价

加量不加价是包装性消费品最广泛采用的促销技巧之一，特别是对于食品或保健品、日用品等运用得最为普遍。这种方式一般可分为两种类型，以一个较大的容器装更多的商品，并以一般售价或降价销售或者是将相关或相同的数个商品包装在一起，减价或部分免费赠送。

优点：能有效地将商品试用者转变为爱用者；能提高消费者的购买量，有效地对抗竞争品牌；鼓励消费者再次购买，能充当广告活动的主题等。

缺点：促销费用十分可观；对于吸引新试用消费群的效果微乎其微；对建立商品的品牌形象并无多大益处等。

7. 其他

当然，除了上述常见的促销方式外，还有一些便利商店使用较少的促销方式，例如包装促销、回邮赠送、付费赠送以及退费优待等形式。

三、POP 广告

POP 广告是近年来在国内外受到普遍关注的一种广告形式，它在我国的发展也比较快。POP 的全称为"point of purchase"意为"购买地点的广告物"，通常称为"购买点"广告。POP 是现代零售企业开展市场营销活动、赢得竞争优势的利器，是消费者在决定购买前再度提醒消费者的广告。

1. POP 广告的作用

（1）传递商品信息

在商店的货架上、墙壁上、天花板下、楼梯口处，都可将有关商品的信息及时地向顾客进行展示，从而使他们了解产品的功能、价格、使用方法以及服务等信息。商店内的各种 POP 传达着商品的信息，刻画商品的个性，被誉为"无声推销员""最忠诚推销员"。

（2）营造气氛

特别是配合季节、节假日进行促销时，能衬托出商店欢乐的节日氛围，使消费者心情舒畅，从而增加购买欲望。

（3）增强注意力

POP 广告凭借其新颖的图案、绚丽的色彩、独特的构思等形式引起顾客注意，使之驻足停留进而对 POP 中的商品产生兴趣。

（4）充分利用销售空间与时间

便利商店可充分利用空间与时间的巧妙安排，调动消费者的情绪，将潜在的购买力转化成即期的购买力。

（5）塑造企业形象

POP 是企业视觉识别中的一项重要内容。便利商店可将商店的标识、标准字、标准色、企业形象图案、宣传标语、口号等制成各种形式的 POP，以塑造富有特色的企业形象。

2. POP 的种类

POP 有许多种类，便利商店经营者要懂得在不同的情况下，运用各种 POP。

（1）招牌 POP

招牌 POP 包括店面、幕布、旗、横（直）幅、电动字幕。招牌 POP 其功能是向顾客传达企业的识别标示，传达企业销售活动的信息，并渲染这种活动的气氛。

（2）货架 POP

货架 POP 是展示商品广告或立体展示售货，它是一种直接推销商品的广告。一般在特定商品的促销和新商品上市时使用。

（3）招贴 POP

招贴 POP 类似于传递商品信息的海报，招贴 POP 要注意区别主次信息，严格控制信息量，建立起视觉上的秩序。

（4）悬挂 POP

悬挂在店铺中的气球、吊牌、吊旗、包装盒、装饰物称为悬挂 POP，悬挂 POP 的主要功能是创造店铺活泼、热烈的销售气氛。

（5）标志 POP

标志 POP 就是商场或商品位置指示牌，它的功能主要是向顾客传达购物方向的流程和位置的信息。

（6）包装 POP

包装 POP 是指商品的包装具有促销和企业形象宣传的功能，如赠品包装、礼品包装，若干小单元的整体包装。

当然按摆设的位置，POP 可简单分为店内 POP 和店外 POP。店内 POP 指柜台及货架陈列、室内灯箱、柱形广告、模特儿以及各种悬挂、张贴的广告等，其基本功能在于改善商店的购物环境，突出商品和服务的质量，刺激消费者的购买欲望；店外 POP 指商店外面的一切广告形式，如门面装潢、橱窗、霓虹灯、灯箱、电子显示屏、旗帜、横幅等，其基本功能在于吸引消费者的注意，并促使他们尽快做出走进商店的选择。此外，随着各商业企业对信誉形象的日益重视，室外 POP 还能起到建立商店的识别标识和强化商店个性特征的作用。

3. POP 制作要点

（1）POP 设计原则

POP 的设计总体要求就是独特，不论何种形式，都必须新颖独特，能够很快地引起顾客的注意，激发他们"想了解"、"想购买"的欲望。具体来讲，应遵循以下原则：

①造型简练、设计醒目。要想在纷繁众多的商品中引起消费者对某一种或某些商品的注意，必须以简洁的形式、新颖的格调、和谐的色彩突出自己的形象。

②重视陈列设计。POP 广告是商业文化中企业经营环境文化的重要组成部分。因此，POP 广告的设计要有利于树立企业形象，加强和渲染购物场所的艺术气氛。

③强调现场广告效果。应根据便利店经营商品的特色，如经营档次、便利店的知名度、各种服务状况以及顾客的心理特征与购买习惯，力求设计出最能打动消费者的广告。

（2）POP 张贴地点

无论 POP 是厂商提供的还是自制的，POP 的张贴地点，都是非常重要的。在便利商店中，POP 张贴的地点有柜台、店外橱窗、天花板、陈列货架及其他区域。

当然，便利商店在 POP 运用中切勿滥用，而使消费者无法理解 POP 所表达的信息，产生适得其反的效果。

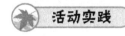 活动实践

百佳超市惯用的促销策略

百佳超市，资历相当雄厚，是和记黄埔旗下屈臣氏集团所经营的连锁超级市场，历史悠久，1973 年在中国香港成立，在不到 10 年的时间里，后来居上，一跃而成为中国香港超级市场的龙头大哥。经过这 40 年的发展，现在在中国香港、中国澳门和内地有超过 250 所分店，成为亚太地区连锁超级市场中一颗璀璨的明珠。它的成功离不开一个秘密的"武器"，这就是促销的策略。

1. 价格吸引促销

百佳超级市场是中国香港最具规模的超市连锁集团，一直以来以致力为顾客提供价钱优惠的货品、高品质的新鲜食品和世界级的服务水平而著称。在百佳超市，天天都有优质、实惠、特价的新鲜货品出售，十分抢手，深得在中国香港居住和生活的朋友们喜爱。比如季节性很强的时令新鲜蔬菜和水果，更是以超低价"惠民"。

百佳超级市场在促销方面除了惯用的大量刊登广告及广设分店外，在价格方面也下了不少工夫。如该店内商品价格的末尾都有个6、8、9等所谓"神奇数字"，使消费者一方面产生吉利的感觉，另一方面对价格产生一种错觉，如某种商品定价为38元，使顾客认为只是30多元而非40元，无形中刺激了消费者购买便宜货的欲望。同时，商店还经常推出特惠包装、散装货品、奉送赠品或抽奖等措施，尽管这些都是常用的陈年招式，但效果依然良好，为消费者所接受。

一般，百佳超级市场于每周六都在报纸上大作所谓"特价周"广告，用100种比市价便宜1~2成的"特价商品"吸引顾客。踏进店内，更是"眼花缭乱"，店墙上到处贴满不同颜色的特价标志，显示某种商品以特价出售，刺激消费者的购买欲。遇上节假日，比如情人节、圣诞节、元旦和春节等中外节日，更是张灯结彩，大肆宣传，大幅度降价，称之为"亏本大甩卖"。其实，超级市场并不会真的亏本，虽然大多数特价货确实无利可图，但由于供应商必须给他们支付一笔作为每周特价货的广告费和市场内的陈列费，特价货"曝光率"越高，收费亦相应提高，再加上供应商给百佳提供的数量折扣，因而大部分特价货并不是亏本大甩卖。

2. 商品陈列促销

百佳超级市场十分注重店内商品摆设，常常以此作为刺激顾客购买欲望的手段之一。他们尤为重视研究特价货的陈列，将最吸引人的特价货放置在市场入口特设的第一组陈列架上，其余的则分别陈列在店内各处，力求使顾客走完商场一周，才能全部看完商场推出的特价货，这样无形中延长了顾客的逗留时间，促使顾客在寻找特价商品时顺便购买其他的非特价品，这才是他们热衷于特价品促销的真正原因。此外，他们将一些利润较高的商品放在与视线平行高度的货架上，借以引起消费者注意，甚至在收款机前摆放零食，诱使顾客在等待付款时产生随手购买小件商品的冲动。同时，百佳还尽量美化店内环境，除装饰优雅、窗明几净外，在入口处还陈列有各种新鲜、干净、整齐的水果蔬菜，加之购物车篮充足，灯火通明，甚至开设烘烤面包的柜台，通过这些色、香、味俱全的引诱，使消费者流连忘返，达到促销的手段。

3. 特色服务促销

百佳超级市场的服务水平在中国香港居民中早已有口皆碑，在服务方式的创新上也是引领潮流的。例如，他们第一个设置了转账服务。当中国香港大小银行相继推出信用卡时，许多高级消费场所也相应推行转账业务，使消费者免去携带大量现款的麻烦。以百佳为首的超级市场也纷纷效仿，设置转账服务，使顾客能一卡在手，全港通用，这样不仅方便了顾客，又刺激了消费。为节省顾客时间，百佳超级市场又率先推出电话订购服务，只要顾客在上午 11 时前来电话，并且所订货值超过 100 港元，百佳超级市场的专车便保证在当天把其所订货物送上门，无论顾客是在港岛，或是九龙、新界，都照送不误。这种服务已吸引大量顾客，为超级市场的营销管理开辟了一个新天地。

4. 推出自身品牌商品

1983 年以前，百佳超级市场充其量只是一个"寄售场所"，促销的商品均为其他品牌的商品。随着零售业竞争的日益加剧，超级市场不得不另谋出路，也许是从欧美超级市场的经营中得到了某种启示，百佳开始推出自身牌子的商品，用自身形象做广告来促销顾客的购买欲。这些打上百佳牌的商品，并非本公司生产，而是与国外厂家谈妥，进货之后，统一贴上百佳的商标。由于进货过程的中间环节和广告费用相对减少，售价也比其他牌子同类商品低廉，再加上自身较佳的市场形象和一贯实行薄利多销的原则，使得中国香港居民认可了百佳牌商品，从而具有了独特的经营风格。

项目六　客户关系管理

如今的市场竞争就是顾客竞争，争取和保持顾客是企业生存和发展的唯一出路；而买卖的实质就是要有顾客的光顾，但只有在获得并保持顾客的情况下，才能做到这一点。然而，在企业实际的运营运作中，往往一方面大批新顾客源源而来；另一方面许多现有顾客悄悄而去，只是西方营销界所称的"漏桶"现象。

企业要防止流失，堵住"漏桶"，培养长期的顾客忠诚，关键要学会实行顾客管理的艺术，与顾客建立良好的关系。

任务一　识别与认知客户

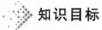 **知识目标**

掌握便利店经营中客户的识别方法。

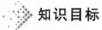 **知识要点**

一、接待顾客的方法

市场经济不仅需要货真价实，更需要优质的服务。很多便利店要求售货员要研究和体察顾客的购买心理，分析不同类型的顾客，采取不同的接待顾客方法，这些都十分有利于商店的顾客管理。

1. 对顾客购买心理的综合研究

（1）注视：当顾客注意观看某种商品或伫立观看某广告牌的时候，售货员应注意观察顾客在留意什么商品，以此来判断顾客想购买什么。

（2）兴趣：当顾客走近某种商品同时又用手抚摸某类商品时，反映顾客对某种商品产生购买兴趣。这时要向顾客打招呼说"您来了"，并且说"请您随便挑选……"，随后观察顾客的购买意图。

（3）联想：要使顾客联想到购买了某种商品后使用时的方便和愉快的心情等，售货员应主动介绍使用某种商品如何方便以及穿用这个商品时心情愉快等。

（4）欲望：进一步促进顾客购买的欲望。售货员举出某顾客买了某种商品后的实例，以促进顾客购买的欲望。

（5）比较：在顾客挑选商品时，售货员应主动介绍某种商品的质量和性能等，以便于顾客比较。

（6）决定：最后顾客通过比较决定购买某一种商品。

通过以上对顾客不同购买心理的综合研究，售货员应采取各种介绍商品的方法，促使顾客决定购买某种商品。

2. 对不同类型顾客的接待技巧

（1）慎重型：这类顾客在选购材料、食品或其他商品时，都是挑挑这个选选那个的，即拿不定主意的顾客。对于这类顾客，售货员不能急急忙忙地问"您想用点什么啊"，而应该拿出两种以上的商品来，以温和的态度对比介绍。

（2）反感型：对售货员的介绍，尽管你介绍的都是真实情况，他也认为你是在说谎骗人，这类顾客属于对售货员介绍商品抱不信任态度的顾客。对于这类顾客，售货员不应抱着反感，更不能带气来对待顾客。

（3）挑剔型：对于那种比较挑剔的顾客，售货员不要加以反驳，而要耐心地去听他讲，这是最好的办法。

（4）傲慢型：经常在你跟前摆来摆去的，意思好像在说"我是顾客啊"。售货员如果稍稍表现不耐烦或者没有面对着顾客，他就要发怒地脱口说出："喂，要接待顾客。"对于这类顾客，最好采取镇静沉着的态度。

（5）谦逊型：当你介绍商品时，他总是听你作介绍，并且说："真是这样，对，对。"对待这样的顾客，不仅要诚恳有礼貌地介绍商品的优点，而且连缺点也要介绍。例如，向有的牙齿不太好的顾客介绍食品时，不仅要介绍某种食品味美价廉的优点，而且连"稍稍有点硬"等缺点也要一并介绍。这样就更能取得顾客的信任。

3. 了解顾客意图后接待顾客的技巧

（1）希望很快买到商品的顾客：指名要购买某种商品。这类顾客是为了买某种商品有目的而来的。售货员应迅速地接待他们，并应尽快地把商品包装好拿给顾客。

（2）观望的顾客：顾客对这个商店抱怀疑态度，不知这个商店究竟如何，他一边观看橱窗一边犹犹豫豫地走进货场。对于这类顾客，售货员不必急于打招呼，等待适当时机再说。

（3）无意购买的顾客：进店没有购买的意思，看看有什么合适的再说。这类顾客看到中意的商品后眼神就变了。这时候售货员就要主动打招呼。

（4）连带购买的顾客：顾客急于想连带购买其他商品，因此售货员应注视着顾客或跟随顾客以促其连带购买。

（5）希望和售货员商量后购买的顾客：顾客进商店后各处看，好像要找售货员打听什么似的。这时售货员要主动打招呼，并说："您来了，您想买点什么?"

（6）想自己挑选的顾客：有的顾客愿意自己专心一意地挑选商品，不愿让别人招呼自己挑选商品。对于这样的顾客，售货员注视着顾客就行了。

（7）下不了决心的顾客：有的顾客踌躇不决，下不了购买的决心。他们感到"买嘛，也可以"，但心里又想"也许以后会赶上更好一些的商品呢"。对这样的顾客，售货员应该积极地从旁建议，推荐商品。

4. 接待复数顾客的技巧

（1）跟来的顾客：他是跟着想买商品的顾客同来的，本人并无购买商品的愿望，但售货员如亲切地接待他，他也可能要买点什么，或者成为下次购买的顾客。

（2）年轻的伴侣顾客：往往是女性顾客的发言作用较大。售货员应拿着商品较多地面向女顾客，请其挑选商品为好。

（3）带孩子的顾客：可以俯下身子或蹲下来接待顾客。可以面向那个小顾客征求意见说："你看哪个好?"

（4）和男顾客同来的女顾客：要特别注意创造条件多让顾客发表意见为好。

5. 接待顾客的时机

顾客进店后，如遇下列情况时，售货员应主动接待：

（1）当顾客注视某一种商品或注视某商品的标价签的时候；

（2）当顾客较长时间在手里拿着某种商品的时候；

（3）当顾客的视线离开商品，向售货员的方向看的时候；

（4）当顾客对各种商品进行比较考虑的时候；

（5）当顾客拿出剪下来的商品广告或拿出笔记本对照看着商品的时候。

6．推荐商品的技巧

售货员一般应做到会说会听，即既能较详细地介绍商品，又能争取听到顾客的各种反映，要有次序地介绍商品。

（1）介绍商品是什么：有的售货员一看到顾客在看某种商品，马上就跑上去介绍商品说"这个商品好"之类的话。这样并不对，正确的做法应该是在说这个商品好处前，要把这个商品是什么说明白。

（2）介绍商品的特点和用途：介绍这种商品和其他商品的不同之处；介绍该商品所具有的特征；还要介绍该商品的使用方法和最适宜的用途。介绍商品用途，也是出售商品的要点。

（3）介绍商品为什么具有这些特点：售货员虽然向顾客介绍了商品的特征、用途、适合在哪些方面使用等，但也有的顾客仍不理解，又提出"为什么是那样的呢"之类的问题。这时，售货员必须用实际例子来证明。譬如说"好多顾客都愿意先购这个商品"，或介绍有多少顾客买去了这种商品。

（4）推荐其他商品：售货员介绍商品、说明商品的特征和用途后，要进一步说明"商品是按照顾客们的需要购进的"，同时还可向顾客推荐说"请您顺便看看这个商品"。

二、小店接待顾客的技巧

对于小的便利店来说，更需要正确的接待顾客的技巧。单单信奉诸如"顾客永远是对的"一类的口号，或让员工胸前别一块写着"是，我可以"的小标牌是不够的。要想真正建造顾客忠诚度，就要有一套能帮助你理解和满足顾客需求和期望的技巧，其中包括店员接待顾客的技巧。

1．接待顾客的要素

当顾客来到你的便利店里选购商品的时候，你或你的店员是如何来面对他们的呢？是不是只是一味地傻笑呢？还是板着脸来招呼呢？下面我们就一起看一下接待顾客需具备的要素。

（1）热情的微笑

不论接待任何性格的顾客，给以明快的微笑都是非常重要的，这是服务的意义，也是成功的秘诀。从其直接效果来看，首先是活跃气氛，诱发购买动机。面对阴云密布的店员，很多顾客都会望而却步的。

（2）亲切周到

与冷遇相比，顾客还是喜欢亲切的，尤其是体察入微的适度亲切，是化解隔阂的利器。以柔克刚，春风化雨，正是此道。对年老者和小孩，给予更多的亲切，更为重要。

（3）礼仪准确，措辞恰当

得体的礼仪和语言，不仅是教养和素质的体现，也是企业经营品位和企业文化的反映。需注意的是，同事之间、上下级之间的不拘礼仪和粗言秽语，对顾客来说，会抵消他们的好感。礼仪不应只是外包装，而要内外统一。

（4）洁身自好，明净漂亮

店铺内脏乱不堪，店员蓬头垢面，会拒顾客于千里之外，给人以"恶店"或"黑店"的感觉。始终保持清洁的店容店貌，会给顾客以宾至如归的感觉。

（5）善于转换气氛，避免顾客窘态

店员只能难为自己，处处为顾客着想，不能使顾客左右为难，更不能发难于顾客。

（6）以诚待人，勤奋工作

要力求避免顾客容易产生的"奸商"感觉，以诚待人，勤奋工作，让顾客为你的正直和勤奋而感动，并在这种感动中投入他的货币选票。

（7）以顾客为服务，以服务为幸福

把服务顾客作为交朋友、体现自我价值的一项活动，而不是作为谋生的劳动。

以上各条是高水平服务的必备要素，唯有具备这些条件的营业员，才能成为优秀的服务员。

2．接待顾客须知

（1）如何对待"两头客"

所谓"两头客"，是指店铺开门前和临近打烊前来店铺的顾客。很多商家对这些顾客往往疏于接待。但不能忘记的是，这些顾客与其他顾客并无二异，他们很可能成为本店的忠实顾客，所以对他们更应以礼相待。对营业前来的顾客，可说一句"对不起，请您再等几分钟"，然后引领其入座，送上热茶一杯。对临近打烊来店的顾客，店员白眼相待，若再抄起扫帚，整理店堂，无疑是在下逐客令，顾客会与此店铺绝交。店员应善始善终地保持周到服务，真诚对待最后一个顾客。

（2）礼仪、仪表注意事项

对女性店员来说，化妆是必不可少的。但应切记，化妆品只能锦上添花，而不是玉上加瑕。所以，淡妆而不失纯真是最高境界。

比起化妆来，身体的整洁更重要，首先，要保持个人卫生；其次，要保持服装的干净得体；最后，像耳环、项链、戒指、手链等装饰品，一律不准佩戴。

（3）上班、下班都要做好准备

一日之计在于晨，所以每日早晨店员上岗都必须振作精神，整理店堂，检查服饰。岗前例会时，店员间应相互问好，相互检查衣帽穿戴，并听从店长布置当日工作。店堂的清扫，应按预先划定分工。清扫项目包括地板、门窗、桌椅、花木、器具等。

当日营业结束后，除上述清扫外，还要检查水、电、气开关，收好工作服，为明天营业做好准备。店员间道一声"辛苦了"，一天营业方告结束。

3. 接待顾客的动作

有的小店的店员很是热情，接人待物都很亲切，不过唯一一点不足，就是没有经过正规培训，不会用接待顾客的正规动作，使得很多顾客觉得没有真正得到尊重，最终还是没有打动顾客购买的欲望。

当顾客行走在店门口时，店员应真诚且充满热情的用中高音，道一声"欢迎光临"。这时的表情及动作规范为：两眼面对顾客；两脚并拢，双手笔直下垂，或交叉于腹部；上体呈约 15°鞠躬（15°鞠躬就是在鞠躬的时候能见到前方 3 米处）；不应因顾客的外貌和消费量的多少而增加或减少服务用语与动作。

4. 如何处理顾客的不满

有的时候小店会遇到很多顾客不满的意见，此时就要看你或你的店员如何来处理了，如果处理不恰当，小则会失去一位忠诚的顾客，大到会变成一次小小的危机。那么我们如何来处理呢？

（1）要耐心倾听

顾客购买你的东西，总是有不满意的时候，所以常常会打电话到店里告诉我们他对这个事情不满。无论是打电话还是当面跟你说，永远记住，不要争辩，要耐心地倾听，尽量地学会多听别人的，然后在适当的时机表达你的观点。

（2）不要辩解，只需认错

千万不要和你的顾客发脾气，要学会控制情绪，做一个高情商的售货员。顾客可能很生气，但是你一定要耐心地接受，不要做过分的辩解，只需要认错。"我非常了解您的情形，同时我可以感受到您对我们的服务的关心，因为您希望我们好，所以您才会告诉我们。"尊重顾客是一个称职的售货员必须具备的素质，即使你知道这个顾客的误会，或者是平白无故地被这个顾客给骂了，你仍然要静静倾听顾客吐苦水，有时在你耐心的倾听之中，顾客的怒气就消了，对顾客的不满也就不知不觉地解决了。许多人在顾客尚未表露不满时，就很焦急地想找借口应付他，如果你一再地辩解，顾客会情绪性地产生反感。他的不满一旦严重表现出来，就会带走更多的顾客。

（3）了解不满的原因

由于商品本身的问题而引来的不满，只要直接替顾客解决就可以了。不同的顾客表现不满的方式不同，具体可以分为以下几种类型：

①表现不满型：就是发牢骚的类型，在不满的情绪中产生情感对立，就会有这种情形发生。对待这种顾客，你要静下心来，倾听顾客吐苦水是最好的方法。

②自我表现型：就是利用问题发生的机会，夸耀自己的立场。你只要让他感觉到被尊重，一切就好解决了。

任务二　客户关系开发与维系

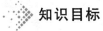

知识目标

掌握便利店经营中客户的关系开发与维系方法。

知识要点

一、为什么要提高顾客满意度

顾客满意度是指顾客通过对一种产品的可感知的效果（或结果）与期望值相比较后，所形成的愉悦或失望的感觉状态。这个定义表明满意水平是可感知效果和期望值之间的差异函数。如果效果低于期望，顾客就会不满意；如果效果和期望相匹配，顾客就会满意；如果效果超过期望，顾客就会高度满意或欣喜。高度满意和愉悦创造了一种对品牌情绪上的共鸣，而不仅仅是一种理性偏好，正是这种共鸣创造了顾客的高度忠诚。

一个高度满意的顾客比一个满意的顾客留在便利店里的时间更长和购买的产品更多。决定顾客忠诚往往是一些日常小事，所以便利店必须做大量耐心而细致的工作，从小事做起，从身边做起，赢得顾客满意与忠诚。

维系顾客的关键是顾客满意，一个高度满意的顾客所带来的好处有：忠诚于便利店更久；购买便利店更多的新产品和提高购买产品的等级；便利店传播效果最好的广告，会义务为便利店和产品说好话；积极热心地为便利店的产品、服务、经营管理、营销提供建议；由于购买习惯化而降低交易成本。

因此，一个便利店商家的精明之举是经常测试顾客的满意度。如可以通过电话向最近的顾客询问他们对店铺的满意度，提供高度满意、一般满意、无意见、有些不满意、极不满意等答案选项。便利店可能流失 80％极不满意的顾客，40％有些不满意的顾客，20％无意见的顾客和 10％一般满意的顾客。但是，便利店只会流失 1％～2％高度满意的顾客，所以，应努力超越顾客期望，而非仅仅满足顾客。

有些便利店认为它们可以通过顾客投诉的数字来衡量顾客满意度。然而，

95％的不满意顾客不会投诉，他们仅仅是停止购买或者是埋怨并劝说更多的人不要购买。最好的办法是方便顾客投诉，我们可以公开顾客投诉中心的地址、电话号码（最好是免费号码）、企业网址等顾客较方便的沟通方式。美国3M（明尼苏达矿务及制造业公司）公司是最早采用800免费服务电话的企业之一，顾客很容易通过它来提出意见、建议、要求和投诉，3M公司声称它的产品和服务改进建议有超过2/3是来自顾客的意见。在实际解决顾客投诉的过程中，光听是不够的，还必须对投诉做出迅速和具体的反应，给有不满的顾客一个满意的答案。一项调查表明：54％～70％的投诉顾客，如果投诉得到解决，他们还会再次光临；如果顾客感到投诉得到很快解决，数字会上升到惊人的95％；顾客投诉得到妥善解决后，他们就会乐意把满意的处理结果告诉尽可能多的人。因为一个忠诚的顾客可使零售商增加收益，所以，便利店应认识到忽视顾客的不满或同顾客争吵，不但会产生失去顾客的风险，而且有可能降低便利店产品市场占有率，使精心培育起来的品牌美誉度深受其害，影响企业形象。赢得一个失去的顾客是一项重要的营销活动，它的成本通常比吸引第一次购买的新顾客要低。

二、让顾客满意的方案

便利店近年来引用顾客满意策略，对于提高其经营服务质量，树立良好的企业形象，发挥了积极的作用，顾客满意的价值标准已成为众多零售商的共识。

顾客满意策略的主导思想是：企业的整个经营活动要以顾客满意度为方针，从顾客的角度、观点来分析消费需求。在产品开发上，以顾客的要求为源头；产品价格的制订考虑顾客的接受能力；销售点的建立以便利顾客为准则；售后服务要使顾客最大限度的满意。通过满足顾客需求来实现企业的经营目标。换句话说，顾客满意不是企业拿着自己的产品或服务去询问顾客"我准备为你提供怎样的服务"或者是对于"我已经为你提供的这些服务"你是否满意。

便利店实施顾客满意的根本目的在于培养顾客对企业的信任感，提高顾客对企业整个生产经营活动的满意度。而要真正做到这一点，首先必须了解这一崭新的营销策略所包含的内容，并认真地加以实施。

1. "顾客至上"的经营理念

顾客是与企业的前途命运有直接联系的外部公众。市场从某种程度上说就是顾客，企业每天面对的公众就是该企业市场，失去了公众也就失去了市场。一个没有市场的企业的命运是可想而知的。因此，以市场为导向的实质就是以顾客为导向，落实到具体观念上就是顾客至上。顾客至上的观念要求企业把顾客放在经营管理体系的第一位，使顾客感到上帝身份的真实存在，从而在心理上对企业产生认同和归属感。

2. "顾客永远是对的"的服务意识

"顾客永远是对的"这一意识从逻辑上看很难成立，在生活中它也不一定符合客观实际。然而，为了实现企业的目标，只要顾客的错误没有构成对企业的重大损失，那么企业要做到得理也让人，将"对"让给顾客。这是"顾客满意"活动的重要表现。"顾客永远是对的"这一意识包含三层意思：第一，顾客是商品的购买者，不是麻烦的制造者；第二，顾客最了解自己的需求、爱好，这恰恰是企业需要收集的信息；第三，由于顾客"天然一致性"，同一个顾客争吵就是同所有的顾客争吵，在"顾客是错的"这一概念中，企业绝对不是胜者，因为你会失去顾客，那也就意味着失去市场、失去利润。

3. "一切为了顾客"

如果说"顾客至上"是企业经营的出发点，那么"一切为了顾客"则是企业经营的落脚点。"一切为了顾客"要求企业一切要从顾客的角度考虑，想顾客所想，急顾客所急，顾客的需要就是企业的需要。因此要想"一切为了顾客"，首先要知道顾客的需要是什么。在现代社会，人们进行消费不仅仅是为了满足生理需要，而且还要享受生活的乐趣，满足精神的需要。因此，顾客对商品的需要就不仅仅局限于实用功能，还要追求多方面的满足。

4. 以"待客之道"善待内部顾客

企业的顾客大致可分为两种：一是外部顾客，二是内部顾客。外部顾客，顾名思义即企业的目标顾客，企业的最终目标也是使外部顾客满意，获取利润。但大多数企业却忽视了影响这一目标实现的最重要因素——内部顾客的满意，即来自内部企业员工的满意。美国一家著名连锁超市的总裁曾说过这样一句话：在我们公司里，没有员工，只有成员。因为我们管的不是这些人，而是他们的努力。在公司我们都是彼此的顾客。企业应给员工创造良好的舒适和轻松的工作环境，使员工感到"我为顾客服务乐在其中"。为达到员工就是顾客的目标，对员工进行定期的培训和采用适当的激励措施是必要的，让员工有与企业已成一体的感觉。高度的员工忠诚度与高度的顾客忠诚度同等重要，企业要想保留最佳的顾客，必须保留最佳的员工。

5．设法留住顾客

企业若注重顾客的长期回报，一定要做好对顾客的初次接待服务工作，提高回头客的比率。最好的推销员是那些从产品和服务中获得满意的顾客。国外有研究显示：一个满意的顾客会引发 8 笔潜在买卖，其中至少有一笔可以成交；一个不满意的顾客会影响 25 个人的购买意愿。因而，保持顾客比吸引顾客更见成效。保持顾客的关键在于使其满意。所以顾客满意策略要求千方百计留住顾客，并通过这些顾客的传播，扩大顾客队伍。

6．多倾听顾客的声音

便利店实施顾客满意策略必须建立一套顾客满意分析处理系统，用科学的方法和手段检测顾客对企业产品和服务的满意程度，及时反馈回企业管理层，为企业不断改进工作，及时、真正地满足顾客的需求服务。目前，很多国际连锁经营公司都试图利用先进的传播系统来缩短与消费者之间的距离。比如日本的伊藤洋华堂连锁公司可以在极短的时间内将顾客的意见或问题系统地输入电脑，以便为公司决策服务。如果现代便利店只顾把商品卖出去后就撒手不管，或只做"一锤子交易"，这样的便利店在当今竞争激烈的市场中是不可能成功的。有些企业在销售商品时，对外宣称"我们将提供优质的售后服务，解决您的一切后顾之忧"，但顾客在买回商品后的意见、埋怨以及担心，他们却认为这是顾客的事，与企业无关。殊不知，这种"过了河就拆桥"的做法，大大地挫伤顾客进一步消费活动的积极性，也损害了企业的形象。优秀的企业注意倾听顾客的声音，视顾客的抱怨为商机，这不仅有利于与顾客建立长期友好的关系，而且对外树立了良好的企业形象。

顾客满意的经营理念是一场企业顾客服务价值观的全面改革，其重要性是不可低估的。衡量企业营销业绩的根本标准应该是顾客满意度，而不是其他诸如销售业绩等。不必发愁如何赚到钱，全力以赴实现顾客满意度，继而才能得到顾客对我们企业的忠诚度。

三、实施顾客满意度营销

提起顾客管理，我们难免会想到一句商场经常说的一句话："如果您满意，请告诉您的朋友；如果您不满意，请告诉我们。"这种顾客满意营销理论已经成为目前很多商家最有利的营销武器。细细地去品味顾客满意营销理论，你会发现其中包含很多新的营销思想与观念，也就是说它是一种整合了许多先进的营销思想与观念的营销理论，使得我们在顾客管理上游刃有余。

1. 何谓顾客满意营销

顾客满意营销的指导思想是企业的整个经营活动要以顾客满意为指针，要从顾客的角度、用顾客的观点而非自身的观点来分析、考虑消费者的需求。

新的4C营销理论（顾客、成本、便利性和沟通）取代了以往的4P营销理论（产品、价格、渠道和促销），其最大的变化是将顾客的地位升格到首位。

顾客满意营销从原来的产品导向转变到顾客导向，以顾客的需求为出发点，从产品开发上，以顾客的需求为源头，做到站在顾客的立场上研究和设计产品，尽可能地预先把顾客的"不满意"从产品本身（包括形象设计、供应过程）去除；并顺应顾客的需求趋势，预先在产品本身上创造顾客的满意；通过发现这些顾客的潜在需要并设法用产品去引发这些需要，使顾客感受到意想不到的满意；不断完善产品服务系统，最大限度使顾客感到安心和便利。

在产品价格的制定上通过市场调查并考虑顾客的接受能力，制定出一个合理的价格。针对不同收入水平和不同消费层次，进行产品包装与规格的定位和市场细分，生产不同规格的产品，制定不同的价格。

在分销渠道、促销环节建立、售后服务体系完善等方面以便利顾客为原则，最大限度地使顾客感到满意。用你的产品和服务与消费者进行有效的沟通，选择更能让消费者接近的销售方式，让消费者轻松购买。

在销售过程中企业要及时跟踪研究顾客购买的满意度，并依此设立改进目标，调整企业生产经营流程，通过不断地稳定和提高顾客满意度，保证企业在激烈的市场竞争中占据有利地位。

2. 亲情营销观念的产生

传统的市场营销观念强调的核心是把顾客当"上帝"，而亲情营销观念强调把顾客当"朋友"或"亲人"，而不是"上帝"，通过建立一种新型的亲情关系，把企业与顾客之间的距离最大限度地缩短。通过与顾客作"朋友"，而使顾客成为企业永远的"朋友"。这就叫以企业的"感情投资"换取顾客的"货币投资"。

把顾客当作上帝，仅仅是认识到顾客是企业的衣食父母，没有达到一种高度。顾客满意营销强调在消费者的购买过程中，始终站在消费者的立场为他们考虑，给消费者提供令他们满意的产品和提供愉悦的消费体验。

顾客满意包括两个方面的涵义：一是全方位的满意，即消费者在与品牌接触的每个层面都感到完全的满意，企业要使"顾客满意"的观念深入到每个员工的心里，融入企业的日常活动之中；二是全过程的满意，即企业必须从顾客第一次接触品牌到不能为他们服务为止，都小心地呵护他们，使消费者与品牌关系密切，尤其是品牌与顾客接触的第一刻。

愉悦的消费体验来自消费者购买过程中。当消费者对产品产生兴趣感到满意时，就会去它的分销网络购买。在购买的过程中，如果服务员态度差，很可能会破坏消费者才建立起来的满意度。

全方位的满意与全过程满意都是非常重要的。只有真正把顾客当作朋友、亲人，你才会给消费者以发自内心的微笑。

3. 强化品牌与消费者的关系

品牌与消费者的关系，是一个从无到有、从疏远到亲密的过程。随着时间的推移，消费者经历对品牌毫无印象、开始注意、产生兴趣、唤起欲望、采取行动、重复购买六个依次推进的阶段，最后成为品牌的忠诚顾客。使顾客持续购买的关键在于对品牌感到高度满意。这种满意度使消费者对品牌产生感情，从而密切了二者的关系。

所以，从理念上强化品牌与消费者的关系，就是要树立"顾客满意"的观念，重视真正的顾客价值。

如果想成为市场上的领先者，就必须真正地了解和理解这几个词语：亲密、互相影响、忠诚和战略联盟，让消费者的满意转化为忠诚。也就是说只要不断地向消费者提供尽可能多的产品价值，就会在消费者与企业之间建立起一种密切合作的关系。目前，许多成功的企业正越来越多地渗透到消费者的日常生活和工作中。处于领先地位的企业都在不断培养和促进消费者自我发展的能力。

四、连锁经营将"顾客满意"进行到底

营销大师科特勒教授曾经说："除了满足顾客以外，企业还要取悦他们。"今天的便利店面临着更加激烈的竞争，如何赢得顾客战胜竞争者？答案就是在满足顾客需求、使顾客满意方面做好工作。只有以市场和顾客需求为中心的便利店才能获得成功，这需要他们向目标顾客提供优质的价值。它将影响顾客的满意度和再购买的可能性。

"顾客满意是一切连锁企业经营的答案！"这句话似乎使所有的连锁零售企业都找到了"北"。于是，很多零售商迫切地开始了经营战略的变革。但遗憾的是，据统计，企业在为顾客满意而作出的努力中，75％的投入没有产生效益。要成为一个真正意义上的顾客导向型企业，必须站在公司的高度，将"顾客满意"进行到底。

1. 连锁经营的服务策略原理

连锁经营的服务策略最主要的就是顾客满意战略。顾客满意战略，简单地说就是必须站在消费者使用的立场上，而不是站在生产者、销售者立场上考虑和处理问题。而且这种"顾客第一""顾客至上"的理念必须贯穿连锁企业从商品采购到最终销售的全过程。

（1）顾客的价值

顾客的价值不在于他一次购买的金额，而是他一生能带来的总额，其中包括他自己的消费额和对亲朋好友的口碑效应所带来的客源消费额。顾客的价值，可先用某位顾客的购买总额除以交易频率，得到顾客平均购买的价值，然后估计顾客在10年内或终生购买次数，计算其购买总量，加上顾客口碑效应，即该顾客宣传后有几个人成为公司顾客，又需用顾客个人购买量乘以放大乘数"$N+1$"，所得结果，就是一个顾客的价值。这种计算方法可靠与否并不重要，重要的是它给企业一个启示，留住一个顾客会产生乘数效应，失掉一个顾客也会使损失扩大。

（2）顾客满意的价值

顾客满意与企业利润存在着线性因果关系，而且忠诚顾客与企业利润之间存在正向相互关系。实践表明，有90％以上的厂商的利润来源，1/10由一般顾客带来，3/10由满意顾客带来，6/10由忠诚顾客带来。

2. 获取顾客满意的价值

便利店要想获取"上帝"的满意，首先，就要站在顾客的立场上看问题。站在顾客立场上，使用最直接深入顾客内心的方法，找出顾客对公司、商品及员工的期望，找出有效的探求顾客内心的方法，找出顾客对公司、商品及员工的期望。其次，消除企业与顾客之间的信息不对称性。有许多经营者总是抱怨顾客越来越挑剔，但从顾客角度看，顾客觉得自己得不到公司尊重，这种企业与顾客之间的信息不对称，一个重要的根源在于企业者是站在它自身的角度来看待问题的，而缺乏一种"换位"的思考。

顾客满意一般都是始于重视"关键时刻"。"关键时刻"是一个重要的服务管理学俗语，就是当顾客光顾任何一个部门时发生的那一瞬间，经过这样的短暂接触，顾客对服务质量，甚至潜在到对产品质量有所了解。"关键时刻"存在于顾客购买的时候，也存在于送货的时候，顾客抱怨的时候，进行售后服务的时候，"关键时刻"存在于任何与顾客打交道的时候。企业文化、形象、信誉，就在许许多多的"关键时刻"中形成。

重视"关键时刻"，首先要树立员工的观念。第一线员工是服务的化身，员工与顾客接触程度最高，员工的行为会直接影响到顾客所感受到的服务品质，进而影响整个公司的信誉。服务卓越的公司有一句警语：那些不直接为顾客提供服务的人最好为做这种事的人提供服务，以此凝聚全体员工，推动顾客服务。

其次，服务背景、消费者行为模式、员工行为模式要协调一致。要把企业与顾客的认知缺口找出来，大家比较清楚地了解顾客认知与实际情况的落差，找出服务盲点加以克服。同时，要求员工必须营造良好的购物环境，以保持三者之间的协调一致。

最后，培养一支训练有素的职工队伍。企业动作始于"人"，也终于"人"，人的问题占企业总问题的 80% 以上，因此，员工教育训练处于核心地位。教育的内容不在于机械地理论说教，而在于员工的心理建设，"训练"应偏重于实践，两者缺一不可。训练应从纵向的商业采购、运输、储存、销售，到横向的经营不同商品的技能、技巧，以及桌案作业等，以提高员工的综合应变能力和处理问题的能力。企业一旦拥有一支服务技能全面的员工队伍，就等于拥有了最重要的资产，每一位员工都会成为公司形象的"守门员"。

3. 实现顾客满意的一般理论和方法

提高顾客满意的一般方法就是提高顾客的让渡价值，也就是提高顾客总价值与顾客总成本之间的差额。总顾客价值就是顾客从某一特定产品或服务中获得的一系列利益，具体包括产品价值、服务价值、人员价值和形象价值。产品价值即产品内在的功能、质量、特性和外在的式样、色彩、造型等实体产品带给顾客的使用价值；服务价值即企业向顾客提供的售前、售中和售后服务所产生的价值；人员价值即企业员工的经验理念、知识水平、业务能力以及效率、仪表仪容等所产生的价值；形象价值即企业及其产品在社会公众中的总体形象。顾客总价值可以归结为形象和产品价值。

而顾客总成本是在评估、获得和使用该产品或服务时而引起的顾客预计费用，包括货币成本、时间成本、体力成本和精力成本。时间成本、体力成本和精力成本都可以归结为企业的服务水平和服务所涉及的范围，只要提高企业的服务水准和服务内容就可以减少这三种成本。而货币成本的高低不一定能减少或增加顾客的满意度，强调的是服务价值和产品的货币价值。

所以，按照该理论要提高顾客满意度要么提高顾客总价值，要么降低顾客总成本，或者两者同时实施。归根结底就是企业要加强产品、服务和形象，这就要求企业不断地创新，因为企业之间的较低级的价格战愈演愈烈，而较高级的质量战和被认为对消费者最有价值的高水平的服务战也开始了。所以我们唯一能做的就是创新，创新才是硬道理。

五、顾客忠诚的培养

在竞争日益激烈的市场环境中，顾客"跳槽"，是许多企业面临的一个重大问题。管理人员应深入了解顾客跳槽的原因，发现经营管理工作中的失误，才能采取有效的措施，提高顾客的消费价值，增强企业的竞争实力。企业经营的宗旨是争取与维系顾客，对于任何企业而言，使顾客满意进而培养顾客忠诚，企业才能得以生存和发展。

便利店培养顾客忠诚度的关键是增加顾客的整体利益，即顾客认为能给他们带来更多利益的各种相关因素。调查和经验表明，构成顾客整体利益的因素主要有五个：产品的价格、产品的品质、产品的创新、服务的品质，以及与竞争有关的企业形象。

具体来说，主要可以从以下几个方面来培养顾客忠诚度。

1. 识别核心顾客

毛泽东早就提过："谁是我们的敌人，谁是我们的朋友，这个问题是革命的首要问题。"看待顾客也要这样，识别核心顾客是便利店顾客管理的首要问题，是老板要考虑的首要问题。企业资源有限，市场机会无限，只有清楚了解我们的核心顾客，才能谈如何管理顾客。

按照80/20的帕雷托法则，企业中80%的利润是由20%的顾客创造的，因此这些顾客是你服务的重点。在80%的顾客中可能有20%是不带来任何价值的垃圾顾客，这样的顾客要坚决淘汰。也就是说虽然顾客掌握了我们需求的资源，但顾客是有区别的，不能用一种方法来服务。

明确核心顾客，是企业的一项重要的战略工作。要识别核心顾客，管理人员必须回答以下三个问题：

（1）哪些顾客对本企业最忠诚，最能使本企业赢利？管理人员应识别消费数额高、付款及时、不需要多少服务、愿意与本企业保持长期关系的顾客。

（2）哪些顾客最重视本企业的商品和服务？哪些顾客认为本企业最能满足他们的需要？

（3）哪些顾客更值得本企业重视？

任何企业都不可能满足所有顾客的需要。通过上述分析，管理人员可识别本企业最明显的核心顾客。不少企业管理人员认为每一位顾客都是重要的顾客。有些企业管理人员甚至会花费大量时间、精力和经费，采取一系列补救性措施，留住使本企业无法赢利的顾客。但是，在顾客忠诚度极强的企业里，管理人员会集中精力，为核心顾客提供较高的消费价值。

2. 宣传企业的经营目标

如果商家不能详细地阐述企业经营目标，培养顾客忠诚度的努力就会化为泡影。在此过程中，企业应清楚了解提高顾客整体利益的目的何在，是为了保留住顾客、引导消费，还是招揽顾客；应清楚了解需要什么样的信息来帮助开展计划。

在阐述和宣传顾客忠诚度目标管理过程中，如果商家对自己的营销行为感到困惑，如果不能按顾客要求做到更好，这就说明在信息传递和获得人们的理解方面做得不够。

3. 让顾客自己确定

这是培养顾客忠诚度的一个主要方面，忽略了它就会遇到不少麻烦。美国一家通信公司对自己的产品进行了重新设计，吸收了当今世界上最先进的技术，但消费者对此反应冷淡。此时，如果管理人员能征求顾客的意见，他们就会发现顾客的真正需求是加强售后服务，而不是增加产品的性能。发现顾客真正需求的过程就是对产品品质的评估和对顾客基本需求进行判断的过程，其努力应放在解决基本需求问题上。满足了这些需求，企业就会成为顾客采购商品时的首选对象。此时，虽然经营较好的企业不会有特别的竞争优势，但经营较差的企业就会失去顾客。当然培养顾客忠诚度并不像表面上那样简单，它不仅能促使顾客购买某个企业的产品，还会使顾客在供货商和企业发生困难时忠贞不贰。

4. 对顾客需求和价值的评估

在充分理解顾客需求的基础上，把需求按其重要性进行先后排序，对影响顾客忠诚度的产品品质、创新、价格和企业形象等因素确定其相对重要性。这一过程可通过电话采访、信函询问或面对面交谈等方式进行，选择何种方法取决于顾客的偏好、所提问题的类型、被调查人数的多少，以及各种调查方式所需的费用。

同时，企业应努力加强其形象和声誉。某家大型超市发现它的声誉因长期缺乏服务质量而受到了损害，顾客认为同采取以服务价值为中心市场战略的新的竞争者相比，该超市太高傲了。这个负面影响使顾客转向了其他竞争者。后来该超市重新评估了顾客的需求、员工的素质和服务渠道等因素，其不利地位就得到了改善。

5. 有效计划的制订与实施

这一步骤的目的是把对顾客忠诚度的管理变成经营之道。顾客的呼声必须成为企业的管理目标，对此，企业的职能部门要相互协作，那些认为抓不住顾客就是公司的店员不称职的说法是片面的。以麦当劳为例，人们不会仅仅因为喜欢汉堡包而涌向全世界 11000 个麦当劳快餐店。其他一些餐馆制作的汉堡包味道也许更好。人们是冲着某个系统来的，并不仅仅是汉堡包。这是一个有效运转的系统，该系统向全世界传送一个高标准，即麦当劳公司所谓的 QSCV——质量（quality）、服务（service）、清洁（cleanliness）相价值（value）。麦当劳公司的有效运营就在于它和它的供应商、特许经营店业主、雇员及其他有关人员共同向顾客提供了他们所期望的高价值。

所以要使便利店内部所有同产品和顾客打交道的人都清楚地了解顾客的需求。对现有的活动和创新要重新评估，对那些不能反映顾客需求的行为要进行限制。一旦需要改进的活动被确定下来，要严格审查影响顾客特别需求的关键程序。如果必要，还要把满足顾客需求和调整内部工作效率结合起来。这就是要组织一支能相互协作的工作队伍，找出解决问题的关键所在、确定改进活动的方法，使之与顾客的需求相一致。

总之，产品竞争力乃至企业竞争力，在市场上集中表现为品牌竞争力。企业要提高品牌竞争力，关键在于提高顾客的品牌忠诚度。要做到这一点，应熟知顾客整体利益的组成部分，并确保顾客的要求贯穿于企业经营过程中的每一个行为。通过提供顾客认为较高的价值，企业将使顾客的满意感变为忠诚感。这样，企业就可把有限的资源集中在顾客认为最重要的东西上，就会使企业获得巨大的市场份额和更大的利润。

沃尔玛的"顾客至上"原则

商品零售成功的秘诀是满足顾客的需求，即顾客管理中不可忽视的"顾客至上"原则。对于零售商来说，怎样才叫满足顾客需求，让顾客满意呢？一方面，必须有足够多的品种、一流的商品质量、低廉的价格，这是硬件；另一方面，必须有完善的服务、方便的购物时间、免费停车场以及舒适的购物环境，这是软件。软件与硬件密不可分，相辅相成。

在零售巨头沃尔玛的发展始终，山姆·沃尔顿就一直强调"顾客至上"的准则，从而使得沃尔玛逐步扩大，发展为世界超一流的零售王国。正如可口可乐董事长兼总裁罗伯特·戈泽塔先生所说："山姆比其他人清楚，企业的生存离不开顾客。因此他一直强调，便利店所有工作的重心和努力的方向都是令顾客满意。对于这个原则和信念，山姆始终贯彻如一。"

早在 40 多年前山姆刚开始创业时，就将这一观点和信念传达给他身边的每一个人。一位自 1950 年起就在当时的沃尔顿平价商店里工作的老员工回忆说："沃尔顿先生第一次让我们认识到顾客永远是对的。他常要我们与顾客聊一聊他们养的牛、鸡、猪，还有他们的孩子，这并非因为这些话题很重要，而是因为顾客是我们收入的源泉，是我们利润的源泉。只有和顾客保持亲近感，并且了解顾客的需求，顾客才会源源不断。这一点在以后的经营中不断得到强调。"

因此，沃尔玛始终坚持软件（服务）与硬件（价格、品种）的统一。在为顾客服务方面，沃尔玛一再告诫自己的员工："我们都是为顾客工作，他也许会想你是在为你的上司或经理工作，但事实上他们也和你一样。我们的公司谁是最大的老板？顾客！"有一次，一位顾客到沃尔玛商店寻找一种特殊的油漆，而沃尔玛商店没有这种油漆。他们没有一推了事，而是由油漆部门的经理亲自带这位顾客到对面的油漆店里购买，这使顾客和油漆行的老板感激不尽。

山姆在自传中这样说明自己的顾客观："在我整个零售业生涯中，我一直遵循这个指导原则，虽然这是个简单的原则。但我仍然强调的是：商品零售成功的秘诀是满足顾客的需求。事实上，如果从顾客的角度考虑，并不是一件易事，你要有多方面准备，比如商品品种繁多、质量优良、价格低廉，提供满意保证，友善和在行的服务、方便的购物时间、免费停车场、愉快的购物环境，等等。这样，当你来到一家比你期望的更好的商店时，你就会喜欢它，而那些对顾客要求不理不睬或是不能让顾客感到愉快的购物环境是不会有人喜欢并去光顾的。"

其实，做到软件与硬件的统一并不是一件轻松的事，因为在零售行业，舒适的购物环境、优质周到的服务必然与较高的价格相联系。而商品价格低廉的连锁超市，顾客可以得到价格上的优惠，但购物环境和服务却不能得以保证。例如，美国著名的大型折扣连锁公司凯马特，它的商店店面很大，但为了节约人工成本，店员却很少。店里陈列着品种繁多、价格优惠的商品，但顾客在购物时，常有些疑问或是需求，凯马特由于人手不多而无法满足。因此顾客虽然满足了购买便宜商品的欲望，却感受不到店员对他们的关心，于是在顾客心中，就会产生美中不足的遗憾。最终上演了一场"凯马特之死"的悲剧。

当我们走进任何一间沃尔玛商店，店员都会立即出现在你面前，笑脸相迎。店里还张贴着醒目的标语："我们争取做到，每件商品都保证让您满意！"另外，在售后服务方面，沃尔玛也做得很出色。比如，在美国，一位顾客在沃尔玛店买了一个食品搅拌机，不久出了故障。他拿着机器和收银小票来到另一家沃尔玛店，几乎没费什么周折，营业员就给他换了一台新搅拌机，还解释说搅拌机又降价了，退给他 5 美元。这是展现沃尔玛"顾客永远是第一"经营理念的一个实例。

沃尔玛分店的经理们经常指着货架上的某种商品，问部门经理：如果你是顾客，你希望怎样摆放这种商品？如果你是顾客，在你买这种商品时，还会同时购买哪些其他商品？你会怎样寻找哪些商品？这让每位经理都设身处地为顾客着想，以顾客的观点看待商品陈列、商品采购、商品种类、各项服务等。因此，沃尔玛总会让顾客感到满意。

除了在现有商店的优质服务外，沃尔玛的整个公司运营都在为顾客服务，其中，商店选址、购物时间安排、商品价格、成本结构、建店过程中与当地居民的相处保持良好社会形象等都是沃尔玛在不断探求努力做到的。而其中，"一站式购物"原则是沃尔玛软硬结合的最好体现。

在零售行业中，顾客的需求有很多，比如，能不能在店中一次性购齐所有需要的货品，是否可以得到及时的新产品销售信息，是否可以享受送货上门、免费停车等附加服务，顾客遇到的问题是否都能尽可能快地得到解答，这些都是衡量一间商店优劣的重要标志。

为了满足顾客的这些要求，沃尔玛公司推出了"一站式购物"新模式，即在商品结构上，力争富有变化和特色，以满足顾客的各种需求和喜好，商品结构力求丰富，经销的商品应有尽有。

另外，还专门提供了下列贴心服务：

①在沃尔玛购物的顾客可以不必为无处停车而担心。例如，深圳山姆会员商店有近400个免费停车位，深圳沃尔玛购物广场也有约150个停车位。

②沃尔玛公司配有专业人士，为顾客免费咨询电脑、照相机、录像机及其相关的物品情况，以减少顾客盲目购买带来的风险，这也是减少退货的好方法。

③食品服务。沃尔玛的商场里有许多风味美食和各色糕点，让顾客在购物的同时有一个良好的休息环境。

④送货服务。凡在沃尔玛店内一次性购物2000元以上者，都可以享受送货服务。

⑤代理电信业务。这一服务明显的例子在深圳。例如，深圳山姆会员商店代理一切移动电话售机业务，所有机型价格均比其他网点便宜100元。这使许多顾客甚至专门为了购买这些产品来到沃尔玛，同时又会顺便采购一些其他商品。

⑥沃尔玛在店内设有商务中心，为顾客提供彩色文件制作、复印，工程图纸放大、缩小等多项服务。

⑦选择店址时，沃尔玛也把"方便顾客购物"列为首要考虑因素。在美国，沃尔玛还积极主动到偏远小镇设点。从明尼苏达到密西西比，从南加州到俄克拉荷马，沃尔玛无所不在。只要哪座乡镇缺乏廉价商店，沃尔玛就在哪里开业，这也是它服务意识的一个方面。

在硬件方面，山姆也煞费苦心。为保持商品的低价，山姆绞尽脑汁想办法。例如，在广告问题上，山姆有不少策略，以较低的广告量来压缩成本，保持商品低价。每当开设新的分店时，沃尔玛都会大做广告，但热潮过后，就立即大幅度削减广告量，或者把广告的重心转到形象宣传上。还有一个减少商品成本消耗的方法是减少运输成本。沃尔玛的运输成本也是同行业中最低的，每一美元的营业额，只有16美分花在基本营运上，而其他公司则需要花22～27美分。

另一有特色的理念可以称为"今日事今日毕"。这是沃尔玛店员必须严格遵守的。沃尔玛各连锁店的生意都非常多，店员非常忙碌，大家互相依赖。每个店员都有自己的职责，而且每天必须完成。同时，不管是乡下的连锁店还是闹市区的连锁店，只要顾客提出要求，店员就必须在当天满足顾客。比如，有一次，一个礼拜天的早上，阿肯色州一家沃尔玛连锁店的药剂师吉夫在家里休息，接到同事打来的电话，说他的一名顾客（糖尿病患者）不小心把她购买的胰岛素扔进垃圾处理箱里了。糖尿病人如果缺了胰岛素，将是非常危险的。尽管是休息时间，吉夫还是很快赶回商店，从药方里取出胰岛素，马不停蹄地给顾客送去。

　　正是这些小事为沃尔玛赢得了无数的顾客，他们不仅是随意的光顾，而且是忠实的顾客群，因为沃尔玛令他们满意。

项目七　便利店设备及安全管理

 **案例引入**

　　竞争时代，危机四伏，商家如何应对？如何避免？如何安全度过？处理危机的能力此时将付出水面。如果我们的便利店不预先制定完善的危机公关战略，并在危机最初阶段对其态势加以控制的话，危机造成的连锁反应将是一个加速发展的过程——从初始的经济流失、直至苦心经营的品牌形象和信誉毁于一旦。所以我们必须未雨绸缪，建立一套适合自己店铺发展的危机处理机制。

任务一　便利店主要设备使用与维护

知识目标

　　掌握便利店经营中主要设备使用与维护方法。

知识要点

　　便利商店是投资风险较低的行业，但是由于长时间营业和现金交易，加上开放式的卖场陈列，使得商家必须承担较多的营业危机，例如抢劫或行骗，这些危机不仅会造成金钱损失，而且有可能会危及员工人身安全。商店偷窃问题也是令商家头痛的问题，除了要提防"外患"——顺手牵羊的顾客，还要担心"内忧"——动了贪念的店员或厂商。这些问题都要求商店制定安全管理办法，来解决商店明赚暗赔的现象。

　　便利商店主要是依靠人力运作，是"人"的产业。面对每天繁忙的工作，店员常因搬运物品、爬高、跌倒等造成意外伤害，所以对店员进行职业教育，避免遭受职业伤害，也是安全管理中应该加以重视的一个方面。

一、安全管理的重要性

便利商店商场安全管理主要是对营业店内（包括仓库）的人员、商品、设备和现金进行管理，防止因天灾人祸等事故造成损害和事后的补救措施。

安全管理应做好事前、事中、事后三个阶段的工作，每个阶段的作业重点及原则如下。

1. 事前作业

事前作业应做到：妥善规划，即根据各项安全管理项目，做好事故预防、处理及善后作业的详细步骤和注意事项；定期检查，即定期检查各项安全设施及使用器械，对于老旧、损坏或过期的器械，应立即修复或更换；定期教育，即定期组织员工学习安全管理课程，以充实员工的安全常识，加强灾害意识；定期演习，即定期举办各种演习，以测验员工的安全管理能力，以及临场的应变经验；培养员工的警觉心，即养成员工及时发现问题，并能立即反映情况的习惯。

安全管理应注重事前防范，除安全设施和措施外，最重要的是要有组织保证，通常是在店铺内成立安全管理小组，事先明确各类人员的任务分工及处理办法，一旦发生突发事件，就不至于发生混乱。

2. 事中作业

事中作业应做到：沉着冷静，不管发生什么情况，必须保持沉着冷静的态度；迅速而恰当地处理。

3. 事后作业

事后作业应做到：要仔细分析事故发生的原因；要追查责任人和责任单位；要建立补救措施，以免日后发生类似的事件。

二、防抢、防盗（偷）、防骗

1. 防抢

（1）什么样的店面容易遭到歹徒的抢劫

①商品堆放、陈列零乱，这等于告诉歹徒"这是一家疏于管理的店"，所以遭抢的可能性就比较大。

②灯光暗淡，卖场内一片昏暗，这是歹徒最喜欢的作案环境。

③橱窗乱贴海报，遮住了视野，使歹徒在作案时不太明显。

④顾客稀少，服务员站在柜内，这是最容易遭劫的时候。

⑤未设保险柜，现金（尤其是大钞）直接存放收银机内，很容易引起抢劫。

⑥店外有容易逃走的路线。

（2）怎样防止被抢

①在收银机下设置保险柜，将大钞直接投入保险柜，但保险柜的钥匙与密码不可告诉店员。

②建立现金入库管理制度，应规定收银机内的现金不得超过一定限额，超过的必须入库。

③24 小时营业的便利商店可在店门口张贴告示"本店自深夜起现金不超过200 元，请自备零钱"，以降低被抢的可能性。

④店内无顾客时，店员不要站在柜台内，可以整理货架、排面、补货或做一些清洁工作。

⑤店员应随时注意可疑状况，例如，2～3 人结伴进店，服装、仪容不整，未熄火并且在店外停较长时间的汽车，在门外逗留并观察商店内部的可疑人员，在店内长时间逗留，而且佯装购物或阅读书刊者。

⑥店员应少带现金或金饰，以免被抢。

⑦交接班点钱动作要快，尽量避免钱财露白。

⑧保持店面干净明亮。

⑨与警务机构或保安公司建立紧密合作关系，并张贴告示。

⑩平时要对店员进行教育与训练。

（3）商店遇抢时应如何处置

商店遇抢时应保持冷静沉着，具体要注意以下六点：

①不做任意的惊叫以及无谓的抵抗，以确保顾客和店员的人身安全为主要原则。

②双手动作应让歹徒看得清楚，以免歹徒误解而造成伤害。

③为避免意外伤害，应告诉歹徒，仓库、厕所或其他地方是否还有同伴。

④在不影响人身安全的情况下，尽可能拖延时间，假装合作。

⑤乘歹徒不备时，迅速按下报警器。

⑥记住歹徒的特征。

（4）商店遇抢后应怎样处理

商店遇抢后应立即做好以下工作：

①迅速向上级相关主管单位报告，并向治安机关报案。

②小心保持犯罪现场的完整性，不要碰到歹徒曾经碰触过的地方，以免破坏了可能存在的指纹或其他证据。

③记录歹徒特征。

④将遇抢过程写成报告，并呈送上级相关主管单位。

2. 防盗（偷）

便利商店内失窃主要是以商品和现金为主，而失窃的来源的概率大小依次是内部店员、厂商、顾客和不详情况。所以要了解营业是否盈利，有无失窃情况，盘点是重要措施。商家应根据盘点结果来了解被偷的状况，再对症下药。

（1）店职员的偷窃行为

①店职员偷窃的形式

a. 随身藏隐：员工利用各种机会藏隐商品在身上带出卖场。

b. 在店内直接消费而不付费。

c. 收银员漏登或少登。

d. 偷窃店内的商品。

e. 换货行为。

②预防方法。

在针对员工偷窃行为的防范，首先要加强员工的培训教育，其次是建立起监督、检查机制，让所有员工齐抓共管，相互监督，再者实行最低商品失窃制度，超过失窃率标准，所有员工都要负担相应责任。具体方法如下：

a. 盘点清楚，并订立商品盘损率。对于超出盘损率的金额，店长和店员均按制度遭受罚款。

b. 安装电子防盗设备，利用一些现代化的工具对偷盗进行预防、控制、取证。

c. 店职员不能私自结账，柜台不放置计算机和登记纸张，以防员工事先计算好或知道结账损益情况，窃取损益资金。

d. 报表的认真填写和分析。

e. 使用统一发票。

f. 严格要求员工上下班时，从规定的出入口出入。

g. 店职员偷窃处置：发现店内职员偷窃行为，要做到及时确认其偷窃的事实和所偷商品品项和数量，令其赔偿，并予以解聘，对于情节严重的或态度恶劣无悔改之意的，报警处理。

（2）厂商偷窃行为

①发生情况。

a. 厂商送的货比送货单上填写的数量少或价值低。

b. 验收后拿出另一张送货单签收，或正确的签收单下藏有另一张，并可复写。

c. 厂商送货到仓库时，在仓库内偷吃、偷拿。

②预防方法。

a. 一次只验收一家厂商的货，在验收签名时，核对清楚。

b. 一般不让厂商自行上架，以避免厂商塞货。

（3）顾客偷窃行为

①顾客偷窃的发生情况。

a. 发生偷窃有三多：女多、小孩多、小东西多。

b. 小偷一般下手的大多是陈列在货架外层的商品。

c. 一般利用人多时不结账，而直接带出。

②预防方法。

a. 陈列方式的改进：小件易盗商品，应陈列在柜台附近的货架。店职员应做到：顾客进入时加以注视并予以问候；随时注意排面的情况；遇到可疑情况，可以假装补货，使其产生戒心，并在结账时提醒顾客。

b. 对单价高的商品特别管理。

③顾客偷窃处置。

在针对顾客偷窃预防的处理上，往往引起许多纠纷，我们的建议是宁可漏掉一万，不可错抓一人。在提前预防上可安装电子防窃系统或监控设备。但在确认是否构成偷窃时，必须谨慎小心，证据确凿，不要采取侵权行为，不然会引起法律纠纷，给商家带来经济和声誉损失。另外，在确认偷窃事实后的处理上，大多数商家采取几倍甚至几十倍商品价格的购买手段，逼迫顾客购买偷窃商品，这种做法显然缺乏法律依据，建议有关部门立法，按法律程序办事。

（4）商场防盗电子系统

商场电子防盗系统（electronic article surveiLlance，EAS），最早起源于20

世纪 60 年代的美国，并迅速向全世界传播。90 年代在国内商业开始活跃时逐渐引入到我国境内。

EAS 是一种商品自卫装置，它用电子技术手段赋予商品一种自卫能力，即一旦有人企图不付款而将商品带出店外，它便会"通知"系统，发出报警声，让偷盗者昭然于众，这从根本上改变了以往一切防盗手段都停留在被动状态的监控防盗上，使防盗措施落实到每件商品上。

EAS 由门道检测器、电子标签、解码板、消码器具和 CD 保护盒等构成。门道检测器一般由一个发射器和一个接收器组成。它就是通常在商场出口处被称作把大门的"守护神"；电子标签有可消磁的软标签和不可消磁的机械式硬标签两种。软标签适用于硬表面的各类商品，硬标签用于服装、箱包、鞋帽等软表面商品。商场可根据不同商品的需要、配合不同门道的检测宽度选用；解码板置于商场的收银台上，是一种使电子软标签失效的装置；消码器具是用来消磁的，根据不同电子标签的技术构成，分为以下几种：电子消码器（可对电子标签进行遥感消码）、扫描消码器（可对条形码/防盗码合一的电子标签同步完成条码扫描与防盗码消码）、开锁器（使硬标签与商品脱离的装置）；CD 保护盒用于 CD、VCD 及 DVD 等商品，可重复使用。EAS 用以下方式实现商品防盗：购置了系统的商家应根据不同商品将适用的标签附着在商品上，同时在商场的出口通道处安装好检测器。检测器的数量应能把住商品外流的所有第一道出口。顾客付款后，用专用的开锁器或解码板将其所购商品上的标签取下或消磁使其失效；如果顾客没有付款，他在通过门道检测器时，发射器和接收器就开始工作，测出附着在商品上的电子标签，随即引发出报警声，拦截商品出门。

EAS 不受人为因素的影响，避免了电视监控中终端人员长时间注视屏幕，因疲劳而出现视而不见或因摄像头在左右扫视时产生监控现场空白等情况。而且 EAS 排除了电视监控中摄像头给顾客带来的被监视的感觉，并改善了商场与顾客的关系，实现了既保护商场利益又保护顾客合法权益的两个目标，体现了物防、技防思想。

EAS 在商场防盗中表现的主要作用有：

①威慑作用。

随着开架式售货方式的兴起，商品被盗的机会也随之增大，采取防盗的前提，就是设法增加小偷盗窃商品时被抓住的概率，减少商品被盗的机会。使用电子商品防盗系统，会使小偷在商店里行窃时产生顾虑，甚至打消进入商店行窃的念头，这就是威慑作用。商家使用 EAS 系统最多得益于它的威慑力。

②减少损失。

在我国，大型超市、连锁店丢失率已超过国际上惯用的商品丢失警戒线1.8％，达到3％～6％。而使用EAS后，失窃率只有1％，为企业挽回很大损失。

③简化管理工作。

由于国内绝大多数企业采取丢失货物由员工分摊的管理制度，而由此引发员工之间的矛盾、员工与企业之间的对立情绪和报复行为。安装EAS后，使企业对员工的管理工作进一步简化。

④提高服务质量。

有些商家把防止商品被盗的责任加在店员身上，增加了店员的心理压力，而店员为减少个人的损失，不得不对顾客进行"无微不至"的防范，而"人看货"或"人盯人"的方法又很容易影响商场的购物气氛，进而影响商场的营业额，商家得到的其实是无形的损失；采用EAS系统后就可以解除店员在这方面的压力，使店员专心为顾客服务，提高服务质量，最终增加销售额。

3. 防骗

现在骗术日新月异，不断翻新，店职员应随时提高警觉，防止上当受骗。一般要注意做到：

①只有一位店员值班时，遇到需要进入仓库搬运货物时，除了固定熟客外，应该婉拒顾客，尽量不要离开。

②若要进行送货，必须先结完账，再提供送货服务。

③收款一定要按既定程序进行，而且做到唱收唱付。

④店员应避免与顾客过于接近，以免发生意外。

⑤尽量减少店外存放的空瓶数，以免有人偷取后再退瓶。

⑥不贪小便宜，以免上当受骗。

三、防意外事故

便利商店运作时会发生的较为常见的其他意外事件有火灾、停电及人员意外伤害。

1. 防火

（1）预防

俗话说，水火无情。商店应大力做好以下工作：定期保养及检查各项消防设备；定期召集全体员工，讲解灭火设备的功能、使用方法，以及防火注意事项；打扫卫生时应注意有无火种；电器、插座、电机附近应经常清扫，不留杂物；店内勿堆放易燃易爆物品，减少火灾发生概率；店内装饰应选用耐火材料。

（2）发生火灾时的处置方法

①立刻拨打 119 火警电话，并报告店长。

②告知全店员工立即根据"安全管理小组"的编制执行任务。

③立即疏散店内顾客并迅速离开现场。

④听从总指挥或消防人员的指挥。

⑤保持镇定，按平时消防演习执行工作。

⑥迅速将现金贵重财物转移到安全位置。

⑦除电灯外，关掉所有电器设备。

⑧将受伤的顾客及员工立即送医院。

⑨人身安全第一，不要因收集现金或救火而危及自身安全。

⑩如有浓烟时，应匍匐在地上爬行，迅速离开现场。

⑪尽量避免电器设备，不要用手或身体触摸。

（3）火灾发生后的处置方法

①店员离开卖场后，到附近指定地点集合，并迅速清点人数。

②未获得消防人员许可，不可重新进入火灾现场。

③店长应及时向上级主管提出报告。

④清点财物的损失，并编列清单。

⑤分析火灾发生的原因及应变处理过程，并提出整改措施。

2. 停电处理

（1）事前预防

①店内应备有紧急照明灯、手电筒等应急照明工具，有条件的店铺可装置自动发电机。

②掌握电力公司有计划的停电信息，并做好各项准备。

（2）停电时的处置方法

①应迅速查明停电原因，以便做出对策。

②若长时间停电，应启用自动发电机，并立即与上级主管单位联系。

③若停电是在晚上，而且时间很长，可考虑停止营业。

④停电时收银机无法打出发票，此时可利用空白纸张填上购买金额，并盖发

票章，请消费者下次来店时凭证兑换发票。

⑤店长应立即将金库锁好。

⑥收银员迅速将收银机抽屉关好。

⑦店长应迅速将人员分配至收银台附近和卖场内，以保证现金及商品的安全。

⑧以客气的语调安抚顾客，并请顾客谅解因停电所带来的不便。

（3）停电后的处置方法

①检查店铺内外是否有异常的状况。

②清查店内的财物和商品。

③对店内的冷藏（冻）和生鲜食品进行商品检验工作。

④待一切恢复正常之后再开始营业。

3. 人员意外伤害

（1）抬物

①店员抬重物时，应蹲下，不要仅使用腰力，以防腰部扭伤。

②店员抬重物时应量力而行，不要超出自身能力，造成商品掉落，自身也会跌倒受伤。

（2）攀高

在攀高时，应在使用之前检查梯子是否牢固，使用时预防梯子滑动，可在梯子底部垫块抹布以防打滑。

（3）防跌倒

①通道上如有污物积水，应立即清除。

②维持通道的畅通，避免太多的落地陈列而妨碍行走。

另外，顾客在选购商品时，不安全的卖场设备将会给顾客造成伤害，因此需要特别注意以下事项：

①货架陈设安全。货架过高、货架摆放不稳定、位置不当或棱角突出，都会给顾客造成意外伤害，直接影响商店的整体形象。

②商品陈列安全。商品摆放不稳定，堆放过高，稍有外力就会掉落或倾倒，给顾客或员工造成意外伤害。

商店安全管理与商店经营息息相关，凡事最好能做到预防为主，在职工教育培训时加强安全管理意识，强调其重要性，才能做到在发生危机事件时能降低生命、财产的损失。

任务二 顾客投诉处理

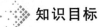

知识目标

掌握便利店经营中客诉处理方法。

知识要点

顾客投诉处理

顾客的抱怨是对于商店缺点的最直接的表达方式之一，是重要的信息来源之一。商店应该诚恳接受顾客投诉，并认真进行分析，找出原因和改进的方法。处理好顾客意见投诉，是门店服务作业管理中的重要一环，处理得好，企业信誉和顾客利益都得到维护，反之，往往会造成门店经营的危机。门店在处理各种顾客纠纷时，首先要掌握两大原则：一是顾客至上，永远把顾客的利益放在第一位；二是迅速补救，确实把顾客的每次抱怨看作门店发现弱点、改善管理的机会。只有这样才能重新获得顾客的信赖，提高门店的业绩。

1. 投诉的种类

（1）对商品的投诉

便利商店主要是以销售食品和日用品为主，因此顾客对商店的投诉意见主要集中在以下几个方面：

①商品质量问题。商品质量问题往往成为顾客投诉意见最集中的反映。商品质量问题主要包括坏品、逾期商品、商品破损和商品质量差等。由于商店出售的商品大多是包装商品，商品质量如何往往需要打开包装使用时才能判别或做出鉴定。

②标识不符。商品包装标识不符往往成为顾客购物的障碍，而成为顾客的投诉对象。顾客对商品包装标示的意见主要是商品的价格标签不清楚、商品上有不同的价格标签、商品上的价格标识与促销广告的价格不一致、商品包装上无厂名、无制造日期、重量（数量）不足等。

③商品缺货。顾客对商店商品缺货的投诉，一般集中在促销商品。

（2）对服务的投诉

便利商店提供的是顾客自我服务的开架销售。顾客对服务的投诉主要集中在结账时多收钱款、少找钱，员工服务态度差、商品知识不足等方面。

从上可知，顾客投诉一般是由于商店商品管理不良、收银作业不当、商品知识不足或服务态度不佳造成的。

2. 处理投诉的心理准备

发生投诉后，首先站在顾客的立场上考虑是基本原则，绝不可站在商店立场上考虑问题。处理投诉时的心理准备如下：

（1）首先是迅速采取相应行动

如果怕惹麻烦而置之不理，顾客的感情就有可能控制不住，引起意想不到的大问题。应首先郑重致歉，表现出诚心诚意倾听投诉内容的态度，这种情况下感情用事，与顾客争论，则有害无益。

（2）摆事实，讲道理

尽管需要迅速解决，但急忙、草率地妥协反而会埋下祸根。

（3）努力缓和顾客的情绪

顾客情绪激动时，应该努力缓和其情绪。有时采取"三变主义——改变接待的人，场所，时间"不失为一种好的方法。

（4）认真接受投诉要求

如果顾客的投诉涉及本质上的问题，对今后的商品管理来说，是重要的信息。

（5）积极处理

投诉处理得好，更是"因祸得福"，会受到顾客的感谢，提高商店的信誉。

3. 处理投诉的步骤

处理投诉有一定步骤，必须严格按照步骤进行。

（1）确认问题所在

①郑重道歉，不作辩解。

②站在顾客立场上冷静倾听。

③不报先入之见，认真仔细地倾听。

④把重点记录下来，不争辩。

（2）分析原因

①抓住投诉的根本原因。

②与惯例作比较。

③整理成投诉报告。

（3）研究解决办法

①与公司的销售政策进行对照。

②能否在自己的权限内做决定。

③如果是超过权限的问题，则请示上级解决。

④迅速决定解决方法。

（4）提出解决方法

①郑重其事地明确加以说明，以便顾客充分了解。

②带着诚意谈话，求得对方理解。

③在解决方法上取得顾客的谅解，郑重致歉。

（5）认真执行解决方案

（6）对结果加以反省，检讨自身工作

①注意此后顾客的反应。

②小心谨慎地调查对其他顾客的影响。

③考虑出对策，以免再次出现同样的投诉。

4. 建立顾客投诉处理系统

对于连锁便利商店来说，顾客的投诉意见大多发生在下属的各门店，但为了防止一个门店的处理不当波及公司全系统门店，建立顾客投诉处理系统是十分重要的。该系统的权责处理可分为三个层次。

（1）门店服务人员

对于缺货、价格标签错误、收银错误等情况，可由该层级立即做出处理，并做记录，事后向店长汇报，对门店服务人员处理权限应做出明文规定。

（2）门店店长

对于一些只涉及单纯的商品赔偿，如商品变质、食物中毒等，应有由店长亲自处理，以免发生因处理不当，顾客投诉再次发生。店长除具有一定的处理权限外，对顾客的投诉意见处理还具有管理职责。店长要负责将投诉意见汇总上报、作业与管理改进、责任确认、制度制定等投诉管理处理工作。

（3）总部专职人员

在意见处理系统中，具有决策性质的管理，例如，投诉事件的整理分析、评估、建议、重大事件的追踪，处理政策拟定和奖惩条例等，应由连锁总部专职人员负责处理，对一些重大事件则需由公司总经理亲自处理。

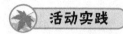 **活动实践**

肯德基从容面对危"鸡"时刻

当"禽流感"这个词频频出现在媒体后，人们开始有些谈鸡色变。春天刚刚走进的日子里，"世界著名汉堡专家"——肯德基却不得不面对市场的冬季：危"鸡"时刻，他们如何行动，又给了我们这些做便利店的商家什么启示？

前几年禽流感闹得最凶的时候，也就是肯德基跌入低谷的时候。那年肯德基中国有限公司开始启动"危机公关"，在全国各大城市同时举行新闻发布会，向社会承诺："食用肯德基的鸡肉是绝对安全的。"除了积极配合政府官员出面吃鸡、力图稳定消费者信心之外，肯德基等特别容易被危机波及的公司本身应该如何抵消那种在动物之间迅速传播并致命的疾病可能对公司运营造成的负面影响？

对此，散落在全球每一个角落的肯德基连锁店，经过50多年的危机洗礼，早已形成了一套自动的危机管理反馈机制。

1. 媒介沟通：抢占先机

公关专家帕金森认为，危机中因传播失误，舆论会很快被颠倒黑白、胡说八道的流言所占据，"无可奉告"的答复尤其会产生此类问题。

尽管如此，肯德基的警觉还是令人惊讶。当记者将采访提纲传至百胜集团总部，半小时后便接到了对方的电话。

"现在是我为您服务，我非常愿意为您解答一切问题。"百胜餐饮集团公共事务部总监用极其诚恳的语调回答。

"9时40分我收到您的采访提纲，在9时46分我已经给您发过去了三份文件：《肯德基有关禽流感问题的媒体Q&A（问与答）》《关于肯德基危机处理的对外答复》《肯德基有信心有把握为消费者把关》。或许对您了解整个事情有帮助，请查收。"

如何应对媒体的危机提问，肯德基似乎完全是程序化的管理。

2. 提供标准化的声音

面对危机的肯德基，绝不允许有第二个声音出现。在这个"特殊时刻"，所有来自媒体的问题，都统一由百胜的公共事务部出面安排采访。"我们是肯德基中国公司，发生在其他国家的事不属于我们的职责范围内。""我们的鸡肉都是来自国内的供货商，不是来自疫区，所以不会出任何问题。"

3. 应急计划首抓源头

"成立危机处理小组是第一反应。危机一旦出现苗头，我们的危机处理小组就开始启动。其组成人员覆盖了危机可能涉及的一切部门，如销售部、公共事务部等，收集各种信息，比如中国政府出台的有关政策、媒体及社会公众的反应等，并及时对危机造成的影响作出反馈，直接向中国区总裁汇报。"百胜餐饮集团的工作人员说。

对于供货商的控制则是危机处理小组的第一事务。对供应商的每一批供货都要求出具由当地动物检疫部门签发的《出县境动物产品检疫合格证明》和《动物及动物产品运载工具消毒证明》，并证明所有的供货"来自非疫区，无禽流感"。"一旦发现有任何供应商出现任何问题，公司都会立刻转向，改用其他合格的供应商。"

4. 向公众传递信心

危机一旦产生，就必须不厌其烦地将必要的细节信息透明化。为此，肯德基专门召开新闻发布会，向公众宣布，世界卫生组织和其他权威机构证明食用烹煮过的鸡肉是绝对安全的。肯德基的所有鸡肉产品全部都经过2分30秒到14分30秒、170℃以上的高温烹制，并立刻将其文字制成条幅，挂在餐厅的每个角落。

5. 日常培训贯彻安全理念

肯德基特别指出，预防危机要从商家创办之日起就着手进行，伴随着商家的经营和发展长期坚持不懈。那种出现危机才想到危机管理，把危机管理当作一种临时性措施和权宜之计的做法是不可取的。

平时，肯德基对供货商严格执行的星级评估系统有重要作用。每3~6个月，对供货商从质量、技术、财务、可靠性、沟通五个方面的全面定期评估和贯穿全年的随机抽查，由公司技术部与采购部合作，以100分制进行评定，其分数将直接决定供货商们在下一年度业务量的份额。

6. 使用可替代的产品

肯德基认为，越南肯德基之所以推出了鱼类产品，那也是由于越南政府为控制禽流感而制定了"不允许跨地区运输鸡肉"的规定，所以导致肯德基的鸡肉供应短缺而改做鱼类产品，这完全不是因为鸡肉不安全而进行的改变。

参考文献

[1] 猫猫丫. 1229 便利店 [M]. 沈阳：万卷出版公司，2008.

[2] 蔡捷，等. 如何经营便利店 [M]. 乌鲁木齐：新疆青少年出版社，2008.

[3] 冯锐. 怎样开便利店 [M]. 北京：中央广播电视大学出版社，2009.

[4] 金恒发. 开家便利店 [M]. 北京：中国宇航出版社，2005.

[5] 余琼，李明. 7—11 教你开便利店 [M]. 广州：南方出版传媒，2014.

[6] 金娟，李红日. 打造一流的便利店 [M]. 深圳：海天出版社，2004.

[7] 祝文欣. 便利店五日通 [M]. 北京：中国发展出版社，2009.

[8] 亚琴. 开一家赚钱的便利店 [M]. 北京：中国财富出版社，2015.

[9] 张琼. 便利店的现状与未来发展研究 [M]. 北京：中国商业出版社，2011.

[10] 陈卫. 7—11 零售圣经 7—11 便利店零售制胜的 68 个细节 [M]. 北京：企业管理出版社，2005.

[11] 付铁山. 日本便利店零售业营销创新的实践与理论研究 [M]. 北京：知识产权出版社，2012.